刑法解释学中的
前理解与方法选择

——刑事裁判的实践理性保障

周维明◎著

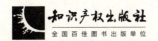
知识产权出版社
全国百佳图书出版单位

图书在版编目（CIP）数据

刑法解释学中的前理解与方法选择：刑事裁判的实践理性保障/周维明著 . —北京：知识产权出版社，2018.8

ISBN 978-7-5130-5693-9

Ⅰ.①刑… Ⅱ.①周… Ⅲ.①刑法—法律解释—研究 Ⅳ.①D914.05

中国版本图书馆 CIP 数据核字（2018）第 163888 号

内容提要

传统的刑法解释学体现为一种刑法解释的方法论，其是中性的，无法解决像刑法解释本身的合理性与界限问题，主观解释论与客观解释论、形式解释论与实质解释论之争，刑法解释方法的位阶选择之争这样的问题。因此，刑法解释学只有从方法论转向以哲学诠释学为基础的本体论，方能解决以上的一系列疑难问题，而前理解是刑法解释学的本体论中最为核心的概念。前理解意味着，刑法条文与规范的解释者在采用各种解释方法，使用不同的解释技巧之前，就对解释结论有了一种预先判断，这种预先判断引导着解释方法的选择乃至整个刑法教义学的考量。

责任编辑：韩婷婷　　　　　　　　　责任校对：王　岩

封面设计：刘　伟　　　　　　　　　责任印制：刘译文

刑法解释学中的前理解与方法选择

——刑事裁判的实践理性保障

周维明　著

出版发行：知识产权出版社 有限责任公司　　网　　址：http://www.ipph.cn

社　　址：北京市海淀区气象路 50 号院　　邮　　编：100081

责编电话：010-82000860 转 8359　　　　责编邮箱：hantingting@ cnipr.com

发行电话：010-82000860 转 8101/8102　　发行传真：010-82000893/82005070/82000270

印　　刷：北京嘉恒彩色印刷有限责任公司　经　　销：各大网上书店、新华书店及相关专业书店

开　　本：787mm×1092mm　1/16　　　　印　　张：12.75

版　　次：2018 年 8 月第 1 版　　　　　印　　次：2018 年 8 月第 1 次印刷

字　　数：167 千字　　　　　　　　　定　　价：49.00 元

ISBN 978-7-5130-5693-9

 **序 言**

周维明的博士论文《刑法解释学中的前理解与方法选择——刑事裁判的实践理性保障》即将付梓，邀我作序，自当应允。

在我指导的研究生中，维明的学术追求颇具特色。当年他向我提出要从"前理解"角度研究刑法解释学问题，并作为博士学位论文选题时，说实话我并不看好，觉得这个题目更像法理学或法哲学课题，一个刑法专业研究生恐难驾驭。

我历来不给学生指定论文题目，仅告知选题三原则：（1）自己感兴趣的问题；（2）有一定的初步研究和资料积累；（3）如果实在没有明确的意向，就自报三题，在与我讨论后确定其中一个题目。虽然是自主选题，但可能受我的研究风格影响，学生们的选题大多务实而简明。维明是个例外，但符合我的选题原则，只好由他去了。殊不料他的博士学位论文在评审和答辩过程中，校内外老师褒奖有加，还被中国社会科学院研究生院评为校级优秀博士论文，之后又在第三届"全国优秀刑法学博士学位论文"评审中荣获一等奖。勇于挑战必有所斩获，这是他自己的造化。

众所周知，刑法的生命就在于解释。在刑法解释学中，一向存在着主观解释论与客观解释论、形式解释论与实质解释论、刑法解释方法的位阶选择之争。即便是浸淫刑法学多年的学者，对此也是莫衷一是。本书则另辟蹊径，自刑法解释学方法论转向以哲学诠释学为基础的刑法解释学本体论。

前理解是刑法解释学本体论中最为核心的概念。前理解意味着，刑法条文与规范的解释者在采用各种解释方法，使用不同的解释技巧之前，就对解释结论有了一种预先判断，这种预先判断引导着解释方法的选择乃至整个刑法教义学的考量。具体而言，刑法条文与规范的语义并没有一种完全客观的存在，而是解释者在前理解的引导下，借助类型这一思维工具对刑法条文与规范所描绘的"事物的本质"加以形塑的结果，是一种主客观因素的共同建构。刑法解释本身的合理性与界限，是在符合"事物的本质"的前提下，于立法构成要件所奠基的不法类型中，通过类比推理在刑法条文与规范的语义空间中进行的。这一过程自始至终都受到前理解的引导与制约。解释不是再现文本作者的意图的行为，而是一种将过去与现在综合的创造性行为。刑法解释只有同时考虑历史上的立法者的立法意图及其具体的规范设想，方能正确地确定刑法条文与规范在法秩序上的标准意义。由于解释者在面对具体案例事实时，在考虑采用什么样的解释方法之前就已经对需要解释的刑法条文及规范的客观目的有了前理解，因此目的解释在刑法解释方法中占有重要地位。由此可见，借助以哲学诠释学为基础的刑法解释学本体论，有助于厘清刑法解释学中的立场之争。

或许有人会批评，前理解属于解释者在日常生活中形成的经验性储备与积淀，如果刑法解释依赖于解释者的前理解，由于不同解释者的生活经验、个人的特殊角色以及兴趣点不尽相同，刑法解释就会陷入相对主义的泥潭。在我看来，真正的前理解并不是解释者自说自话，刑法解释带有主观性也不意味着解释者就可以随心所欲。前理解是解释者长期学习过程的结果，这个过程既包括其从职业经验中取得知识，例如作为范例来把握的冲突性案例、法院的传统、惯例及其判决；也包括他从职业经验外所取得的知识。一言以蔽之，前理解在最宽广的意义上可以被看作与社会生活事实相关的知识，对刑法文本的理解不可能超出社会日常语言的视域。解释者个人的视域必须与当时的社会历史语境实现"视域融合",确保解释结论不违反社会的常识常理常情。当前不少司法裁判,单就法理而言未必有问题,但却不为人民群众所接受,甚至广受质疑,在很大程度上就是因为解释者没有实现与社会一般人视域的"视域融合"。现在我们强调要努力让人民群众在每一个司法案件中感受到公平正义,那么刑法解释,甚至所有的法律解释就不仅是一个事实与规范之间来回往返的过程,而是法官与法律适用的社会语境之间实现的"视域融合"。唯有如此,才能实现对社会公众基本法感情的尊重,让疑难案件的处理经得起社会检验与拷问,承载起社会公众对公平正义的期待与要求。

在刑事司法实践中,最重要的刑法解释者是法官。如果前理解是解释者在社会化过程中获得的经验,那么法官的社会价值观念、社会化背景与刑法适用之间就存在着一定的联系。这就需要对影响法官的前理解的各种社会因素,例如法官的出身、法官的个性、法官的年龄、法官的社会态度、民情与舆论等进行社会学上的研究,这属于一个在我国相对新颖的研究领域——法官社会学的范畴。限于主题与篇幅所限,本书对此着墨甚少。我希望维明今后能继续从事这方面的研究,也期盼法学界和社会学界的诸位方家能够关注这一领域,为提升我国司法与社会的契合度贡献智慧与力量。

是为序。

中国社科院法学研究所　　陈泽宪

2018 年 8 月

内容摘要

　　传统的刑法解释学体现为一种刑法解释的方法论，其是中性的，无法解决像刑法解释本身的合理性与界限问题，主观解释论与客观解释论、形式解释论与实质解释论之争，刑法解释方法的位阶选择之争这样的问题。因此，刑法解释学只有从方法论转向以哲学诠释学为基础的本体论，方能解决以上一系列疑难问题，而前理解是刑法解释学的本体论中最为核心的概念。前理解意味着，刑法条文与规范的解释者在采用各种解释方法，使用不同的解释技巧之前，就对解释结论有了一种预先判断，这种预先判断引导着解释方法的选择乃至整个刑法教义学的考量。本书系统地介绍了前理解的历史与哲学渊源以及在法律解释学中的引入、前理解的含义与来源、前理解在刑法解释与论证理论中的运用、前理解与"事物的本质"与类型思维的关系等问题，并借此指出：

　　（1）刑法条文与规范，在实质上是对刑法所欲调整的社会生活事实内部所蕴含的，规制这一社会生活关系的具体的规定性即"事物的本质"的描述，解释者在前理解的引导下，借助类型这一思维工具去形塑对"事物的本质"的认识。因此，刑法条文与规范的语义并没有一种完全客观的存在，而是一种主客观因素的共同建构的结果。刑法解释本身的合理性与界限，是在符合"事物的本质"的前提下，于立法构成要件所奠基的不法类型中，通过类比推理在刑法条文与规范的语义空间中进行的。这一过程自始至终都受到前理解的引导与制约。

（2）解释不是再现文本的作者的意图的行为，而是一种将过去与现在综合的创造性行为，即视域融合。主观解释论与客观解释论均有其部分的真理，因此都不能毫无保留地予以接受。刑法解释的最终目标只能是：探求刑法条文与规范在当下的整体法秩序中的意义。只有同时考虑历史上的立法者的立法意图及其具体的规范设想，才能正确地确定刑法条文与规范在法秩序上的标准意义。这一意义是一种在前理解引导下的思考过程的结果。

（3）目的解释在刑法解释方法中具有决定性的地位。刑事法官在面对具体案例事实时，在考虑采用什么样的解释方法之前，就已经对需要解释的刑法条文及规范的客观目的有了前理解。这种前理解引导着其对具体案例事实的理解与解释方法的选择，是一种价值判断，刑事法官借此来从价值中立的解释方法中做出选择。

（4）刑法解释学的本体论是刑事裁判的本体论基础，而刑法解释学的本体论又是建立在哲学诠释学之上的；以前理解为核心的哲学诠释学是一种实践理性，因此刑事裁判本身必然也是一种以实践理性为基础，受实践理性保障的活动。刑事裁判的实践理性的论证结构为：①做出刑事裁判的过程是一种理解性的对话，可以在其中达成共识，并以此作为在诸多裁判可能性中做出选择的标准；②这种理解性的对话要受到某些刑事法律制度上的条件的约束；③这两个过程均受前理解的支配。这整个结构，可以看作对刑事法官在刑事裁判过程中的约束，借此刑事裁判方能具有可信赖性与可接受性。

关键词：刑法解释学，方法论与本体论，哲学诠释学，前理解，实践理性

Abstract

The traditional criminal law hermeneutics appears as methodology of the interpretation of criminal law, it is neutral and unable to solve the problems such as the legitimacy and limit to the interpretation of criminal law, the disputations between the subjective and objective interpretations as well as the formal and material interpretations, the selection of the interpretive methods. Only through the transition from methodology to the ontology based on the philosophical hermeneutics, can the criminal law hermeneutics solve a variety of hard problems, and the preunderstanding is the key concept in the ontology of criminal law hermeneutics. The preunderstanding means that the interpreters have a prejudgment of the interpretative results before they exert different interpretative methods and tips. This prejudgment guides the selection of the interpretative methods and the whole consideration of criminal law dogmatics. This dissertation systematically introduces the history and philosophical origin of preunderstanding, its introduction into legal hermeneutics, its meaning and sources, its exertion in the interpretation and argument of criminal law, the relations between it and "the nature of the things" and type thinking, and thereby points out that:

(1) In fact, the words and norms of criminal law are only descriptions of the "the nature of the things", that is, the concrete characteristics inherent in the facts of social life regulated by the criminal law. The interpreters guided by the preunderstanding shape the recognition of the "the nature of the things" in terms of types. Therefore, the meaning of the words and norms of criminal law can never be objective; in fact it is the result of the combination of subjective and objective recognitions. The legitimacy and limit to the interpretation of criminal law lie in the meaning space of the words and norms of criminal law, this meaning space is subject to the "the nature of the things", based on the illegal types which that receive their foundation in the constitution of a crime and by means of analogy.

(2) The interpretation can never be the reappearance of the author's intent, but a creative combination of past and presence, that is, the fusion of horizons. The subjective and objective interpretations are half-truths and cannot be fully accepted. The final end of the interpretation of criminal law is only the research to the meaning of the words and norms of criminal law in current legal system. The standard meaning of the words and norms of criminal law in legal system can be determines only though the consideration for the author's intent and the concrete institutional design.

(3) The teleological interpretationis decisive importance in the methods of interpretation. When a criminal judge considers the selection of interpretive methods, he or she has already a preunderstanding of the objective teleology of the words and norms of criminal law. This preunderstanding guides the selection of the interpretive methods and appears as a value judgment. By it the criminal judges can select the suitable interpretive method from the value-neutral methods.

(4) The ontology of criminal law hermeneutics is the ontological basis of criminal decisions and the ontology of criminal law hermeneutics is based on the

philosophical hermeneutics; the philosophical hermeneutics centering on preunderstanding is a sort of practical reason. As a result, the criminal decision must be a behavior based on and guided by practical reason. The argument structure of the practical reason of the criminal decision is: first, the process of making criminal decisions is interpretive dialogue in which the dialoguers can come to a consensus on the selective standards of the various interpretive methods; second, these standards should be restricted by some conditions of criminal institution; at last, both of the processes mentioned above are ruled by preunderstanding. This whole structure can be considered as restraints of criminal judges in the process of making decisions; thereby the criminal decisions are legitimized and accepted.

Key Words: criminal law hermeneutics, methodology and ontology, philosophical hermeneutics, preunderstanding, practical reason

•contents **目 录**

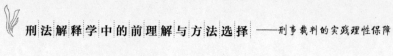

绪　论

维特根斯坦曾经说过："在命令与其执行之间有着一条鸿沟。只有理解活动才能把这沟填平。仅仅在理解活动中它才意味着我们应当做这个。"❶ 而海德格尔又认为，解释深深地植根于理解，只有先对要解释的事物有所理解时，解释方为可能；而另一方面，理解自身只有在解释中才能完成并成其为自身。❷ 就此而言，任何法律的适用首先都或多或少地涉及解释问题。解释是所有法律适用行为的普遍的、不可回避的特征。对于从事刑事法律理论与实践工作的人来说，理解刑法、解释刑法，乃是正确适用刑法的前提，刑法教义学（Strafrechtsdogmatik）在此意义上等同于刑法解释学（Strafrechtshermeneutik）。❸

刑事立法是将正义理念与将来可能发生的事实相对应，从而形成刑法规

---

❶ [奥] 维特根斯坦著：《哲学研究》，李步楼译、陈维杭校，商务印书馆 1996 年版，第 192 页。

❷ 参见 [德] 马丁·海德格尔著：《存在与时间》，陈嘉映、王庆节合译，熊伟校，陈嘉映修订，生活·读书·新知三联书店 2006 年版，第 173 页以下。

❸ 对现行刑法条文与规范进行解释是刑法学的意义和生命所在，不对现行刑法进行任何解释的刑法学，是毫无存在意义与生命活力的。甘雨沛教授就曾经指出："刑法学是'体'而刑法解释学是'用'，有'体'而无'用'，则'体'为僵尸，无由体现其作用，刑法学之所以成为学及其能发挥应有的作用，都须通过刑法解释论来实现。"参见甘雨沛、何鹏：《外国刑法学》，北京大学出版社 1984 年版，第 9 页。

范；刑事司法是将现实发生的事实与刑法规范相对应，从而形成刑事判决。❶
贯穿其中的一条主线，就是刑法解释学。刑法解释学的目的主要有三个：❷

（1）通过适用于确定的秩序措施的可指定的标准，将一定的社会生活事实宣布为是刑法相关的；

（2）为解决做出刑事裁判或在事实中呈现出的秩序问题或利益冲突问题的规则提供必要的刑法规范；

（3）根据以上（1）、（2）做出刑事裁判，确定被审判者有罪无罪，是成立此罪还是彼罪以及罪轻罪重的问题。

以上三个目的均要求刑法解释学为之提供确定而非含糊的标准。借此，我们可以很容易地得出这样一个结论，刑法解释学需要极高的确定性。正如王世洲教授所指出的："刑法的本身的性质，要求刑法（解释）学应当是最精确的法律科学。"❸ 刑法解释学是研究抽象的刑法条文是如何适用于一个个具体案例的，刑法的条文乃至刑法典本身，甚至刑事裁判都必须根据刑法解释学的解释来得出结论。很难想象，一个不严谨、不精确的刑法解释学能够用来支持一部严谨、精确的刑法典。在现代法治国家中，为了保障人权，不妨碍国民的行动自由，不使社会公众产生不安全感，就必须使国民能够预测自己的行为的性质及其后果。❹ 含混不清、模

---

❶ 参见张明楷：《刑法分则的解释原理（上）》，中国人民大学出版社 2011 年版，序说第 1 页。

❷ Vgl. Josef Esser, *Vorverständnis und Methodenwahl in der Rechtsfindung*, Athenäum-verl, 1970, S. 27.

❸ 参见［德］克劳斯·罗克辛著：《德国刑法学总论（第 1 卷）》，王世洲译，法律出版社 2005 年版，译者序第 1 页。

❹ 严谨、精确的刑法解释学能够让我们的思考经济，让法院的刑事裁判被预测。例如，在高速公路开车，突然撞上路边冲出的人，尽管此人被撞死，但是司机撞人的行为既非出于故意亦非出于过失，构成要件不该当，犯罪不成立。进一步的违法性判断，即成为多余。又例如，面貌凶恶之人暗夜入室行窃，吓死室主，由于欠缺刑法上的评价的因果关系，此丑贼不成立杀人或过失致死罪。了解刑法解释学的结论的人，可以得出一致的判断结果，法院的刑事裁判就不会如彩票开奖，令人惊叹。参见林东茂：《刑法综览》，中国人民大学出版社 2009 年版，第 33 页。

棱两可甚至前后矛盾的刑法解释无异于否定罪刑法定原则与刑法存在的价值，让国民不能准确地预测自己行为的性质而手足无措，从而不当地限缩国民的行动自由。而国民对刑法规范的正当期盼的失落，也会导致其对刑法失去信心，进而摧毁刑法的社会功能。

但颇遗憾的是，在现实生活中，刑法解释乃至刑法解释学的模糊性似乎总是难以消除的现象，模糊性贯穿于刑法解释的整个过程。这一点首先体现在对刑法文本的含义的解释之中。举例而言，《中华人民共和国刑法》（以下简称《刑法》）总则部分第20条第2款规定："正当防卫明显超过必要限度造成重大损害的，应当负刑事责任，但是应当减轻或者免除处罚。"对"明显超过必要限度"应当做何解释？第3款又规定："对正在进行行凶、杀人、抢劫、强奸、绑架以及其他严重危及人身安全的暴力犯罪，采取防卫行为，造成不法侵害人伤亡的，不属于防卫过当，不负刑事责任。"那么，"行凶"又该怎么解释呢？"行凶"在这里甚至并不是刑法专业术语，而是一种日常用语。在刑法分则中，模糊性也处处可见。例如，《刑法》第232条规定了故意杀人罪，那么，胎儿在身体中的一部分露出母体时，是不是该条所指的"人"呢？实际上，在刑法分则的条文中，到处充斥着"数额较大""数额巨大""数额特别巨大""情节严重""情节特别严重""情节恶劣""情节特别恶劣""造成严重后果""造成特别严重后果"这样充满高度不确定性的表述。可以说，刑法分则中所有的情节犯都体现了刑法解释的模糊性，刑法事实上不可能针对这些表述做出具体明确的规定。这是因为，无论是刑法文本的普通文字规定还是专业术语，都具有语言文字本身所固有的概括性、模糊性和流变性，只能委诸法官根据案件的具体情况去判断。

不仅如此，刑法解释学中的立场选择也存在很大的争议性，或者说得更明白一些，不确定性。刑法解释学中的主观解释论将法律看作立法者意志的表述，偏向于探求历史上存在的立法者的立法目的。而客观解释论则引用"解释者可能比作者更聪明"这一名言，主张现代立法的草案，立法理由书等充其量不过是若干参与立法者的个人意志的表现，而且其知识水平有限，难以顾及立法目的，所以解释者不应当去探求那并不可能存在的立法者意志，而应当探求法律本身所应有的客观上的意义。解释的眼光不能面向过去而应该朝向未来，否则就成了"立法者的奴仆"。❶

除了主观解释论与客观解释论之争以外，还存在形式解释论与实质解释论之争。形式解释论主张：基于罪刑法定原则所倡导的形式理性，必须对刑法文本做形式化的把握，将实质上虽然值得处罚但缺乏刑法规定的行为排除在犯罪范围之外；❷另外，实质解释论则主张，刑法的任务在于保护法益，所以应当在不违反罪刑法定原则的前提下，对刑法的构成要件做实质的解释，确定实质上值得处罚的行为。❸实质解释论批判形式解释论拘泥于刑法条文的字义，偏爱形式化的解释，忽视了对法益的保护；而形式解释论则批判实质解释论动摇了罪刑法定原则，纵容法官的肆意。两者激烈争论，相互批判，难分高下。

甚至连刑法解释学中的方法选择，都存在着严重的不确定性。刑法文本的解释方法中，有语义解释、历史解释、体系解释、目的解释；语义解释本身又包括扩大解释、缩小解释等解释方法。❹刑法解释方法的多样性导致了解释结论的多样性。解释者要寻找最适合的解释方法，就势必提出这样的问题：在众多解释方法中，有无一定的位阶？发生冲突时应如何处理？究竟何者为先？虽然有众多学者参与讨论，但此问题一直语焉不详，众说纷纭，迄今并无定见。

---

❶ 参见陈兴良、周光权：《刑法学的现代展开》，中国人民大学出版社 2006 年版，第 12 页。

❷ 参见陈兴良："形式解释论的再宣示"，载《中国法学》2010 年第 4 期。

❸ 参见张明楷："实质解释论的再提倡"，载《中国法学》2010 年第 4 期。

❹ 参见张明楷：《刑法分则的解释原理（上）》，中国人民大学出版社 2011 年版，第 93 页以下。

　　刑法解释乃至刑法解释学本身都具有模糊性，这一点不足为奇。刑法解释本质上不过是法律语言的一种表达方式，按照哈特的说法，其具有"开放性的结构"（open texture）。● 即刑法文本自身始终保持着面向生活事实的开放性，不断涌现的新的生活事实不断扩充着刑法文本自身的内涵和视域。但人类理性以及作为其表达方式的语言的有限性无法做到完全洞见这一问题的全部情况，"它们藏身于无尽多变的生活海洋中，何曾有一次被全部冲上沙滩？"● 正如海德格尔所说的："世界的存在是不可表达的，语言永远也不能表达世界的本来面目。"人类语言本身的有限性决定了所有的法律条文及其解释（当然也包括刑法条文及其解释）必然具有模糊性与不确定性，以刑法条文及其解释为内容的刑法解释学自然也无法回避这一问题。

　　问题在于，刑法解释学中的确定性的应然要求与模糊性与不确定性的实然现状之间的龃龉动摇了刑法解释学的存在理由了吗？刑事裁判的实践理性因此失去了保障吗？在现实中，确实有部分法学家做此主张。他们认为，从语言哲学（the philosophy of language）的角度来看，语言本身存在着所谓的"高阶模糊性"（higher-order vagueness），● 语词本身是无界限的（boundaryless），没有可能在语词之间做出明显的区分，这样一来，刑法解释学在刑事司法中的地位就微不足道了，辨识法律就不再是一项解释性的工作；● 刑事裁判的理性论证的基础也就受到了彻底的质疑。因此，刑事裁判的基础应该是法官的权威，而不是什么实践理性的解释与论证。刑事裁判的本质，用霍布斯的话一言以蔽之，就是"是权威，而不是真理创造

● See H. L. A. Hart, The Concept of Law, Clarendon Press London, 1994, p. 124.

● ［德］拉德布鲁赫著：《法学导论》，米健译，中国大百科全书出版社1997年版，第106页。

● See Timothy Endicott, *Vagueness in Law*, Oxford, 2000, p. 74f.

● See Timothy Endicott, *Vagueness in Law*, Oxford, 2000, pp. 159, 167.

法律!" （Auctoritas, non veritas, legem facit! ）❶

在本书看来，这种刑法解释学怀疑论的观点实在是走得太远了，整个刑事裁判的基础都被动摇了！因此，本书的中心目的，就是捍卫刑法解释学在刑事司法中的核心地位，为刑事裁判提供一种实践理性的保障。显然，如果能够为法律语词确定一个相对明确的界限，为刑法解释学提供一个相对可靠的立场，为方法选择提供一个相对合理的标准，❷ 让这些困惑已久的问题不再成为对刑法解释学的严重挑战的话，本书的目的是能够实现的。纵观围绕刑法解释学的种种怀疑与争议，可以看出，其在本质上都是来源于语言学与哲学的。❸ 因此，本书试图从欧陆语言哲学的翘楚——德国哲学家伽达默尔的有关理解的解释学条件的哲学诠释学理论中汲取灵感。本书认为，当前中国的刑法解释学仍然停留在技术层面，汲汲于建立一套描述或指导如何理解刑法文本含义的方法的规则体系，以探究刑法文本与规范的真实含义，其本质仍然是一种拘泥于解释的内在视角的方法论，因此无法澄清上述有关模糊性与不确定性的疑问；本书则另辟蹊径，尝试着根据伽达默尔的哲学诠释学建立一种研究使刑法文本的理解得以可能的基本条件及程序的刑法解释学的本体论，从解释的外在视角出发，在一个比方法论更高的层次上去探讨如何澄清上述疑问。按照伽达默尔的哲学诠释学理论，当然也包括埃塞、拉伦茨、考夫曼等法律哲学家的观点，刑法解释学的本体论的开端于所谓的"前理解"（Vorverständnis），因此本书把刑法解释学的本体论结构中的前理解当作分析的基础，力图阐明其在

---

❶ See Carl Schmitt: *The Leviathan in the State Theory of Thomas Hobbes: Meaning and Failure of a Political Symbol*, Translated by George Schwab and Ema Hilfstein, with an Introduction by George Schwab, with a new foreword by Tracy B. Strong, University of Chicago Press, 2008, p. 44.

❷ 本书承认，在这些问题上，凭借人类有限的理性思维能力，是无法做到"绝对"的。

❸ See Matthias Klatt, *Making the Law Explicit: The Normativity of Legal Argumentation*, Hart Publishing, 2008, p. 21.

刑法解释学的本体论中的地位、意义、结构，以及刑法解释学的本体论是如何借助其来澄清刑法解释学中的诸多疑问的。本书还试图借此指出，从诠释学本体论，特别是前理解的视角来看，刑法解释学的普遍性与优位性是不可避免的，拒绝这一事实不仅是荒谬的，也会忽略潜藏于解释过程的深刻分析中的实践理性那无限的可能性。当然，本书并不打算、也不可能为刑法解释学中的种种问题与争议提供终极的答案，而只想做到抛砖引玉而已。或许，一切正如老子所说的那样："千里之行，始于足下。"

刑法解释学的范式转换及问题

一、中国的刑法解释学在当下所经历的范式转换

中国❶的刑法解释学，是在摒弃国民党政府的"六法全书"，学习马克思主义刑法理论，借鉴苏联社会主义刑法学的基础上开始的。从 1949 年至 1979 年，由于刑事立法本身的薄弱，❷加之受"以阶级斗争为纲"的左倾观念的影响，刑法学的专著屈指可数，真正对刑法规定进行深入解释的论文也是寥若晨星，因此刑法的解释是非常贫乏的。刑法解释学的发展一开始就处于停滞状态，基本上没有什么重要研究成果。从某种意义上来说，中国的刑法解释学的真正开端是 1979 年。以党的十一届三中全会的召开与刑法典的颁布为标志，中国刑法学的研究工作进入了崭新的历史时期，中国刑法学，包括刑法解释学，走上了正轨并取得了丰硕的研究成果。❸ 但值得注意的是，中国的刑法解释学一开始仅为一种特殊的刑法解释学，即

---

❶ "中国"在本书中指新中国，即中华人民共和国。

❷ 这方面最突出的表现是，虽经过 33 稿的修订，刑法典始终未能颁布。

❸ 1979 年刑法典颁布以前，铅印出版的关于中国刑法的各类书籍仅 79 本，发表的论文仅 176 篇，而在 1979 年刑法典颁布后，到 1987 年年底为止，铅印出版的关于中国刑法的各类书籍近 400 本，发表的论文达 4300 余篇。专著与论文的涉及面很广，几乎包括刑法的所有领域，其中有不少是精心之作，既有观点、材料，又有新意，富于启发性。具体可参见高铭暄、赵秉志编著：《新中国刑法学研究 60 年》，中国人民大学出版社 2009 年版，第 7 页。

偏重于研究刑法总则条文有关犯罪成立与适用刑罚的一般要件与分则中个别罪名的解释适用问题，其目的在于在当时的社会政治经济语境下解决刑法的某些条文的具体适用问题。这就导致了刑法解释学沦为纯粹的刑法法条的注释学，对刑法解释学的研究唯刑事司法、司法解释马首是瞻，缺乏独立的、高层次的理论品格。结果这不仅影响到刑法解释学理论水平的提高，也大大削弱了刑法解释学对刑事立法、刑事司法的指导和促进作用。❶

为改变我国刑法解释学视野狭窄，方法单一，观念陈旧的局面，刑法学者做了不懈的努力。他们开始摆脱原来的法条注释型的刑法解释学，转而思考解释的技术本身，力图建立一套描述或指导如何理解刑法文本含义的方法的规则体系。一时间，刑法解释学的方法论问题成了刑法学界的显学。

例如，陈兴良教授就指出，刑法学具有一套受罪刑法定原则制约的独特的方法论，即刑法解释具有不同于其他法律解释的特殊性，因为刑法关系到对公民的生杀予夺，所以必须严格解释。刑法解释的客体理所当然的是刑法规范，而刑法规范是以语言为载体的，因此刑法解释首先采取的就是语言分析的方法，这就为语法解释、文义解释开辟了空间；但刑法不仅仅是一种语言现象，也是一种逻辑现象，刑法条文之间总是存在一定的逻辑上的相关性，这就为刑法的逻辑解释、论理解释留下了空间；与此同时，刑法还是一个历史的存在物，对刑法的解释当然不能脱离一定的历史语境，这就导致了刑法的历史解释；最后，在强调刑法解释主体的能动性的情况下，还存在着刑法的体系解释。罪刑法定原则排斥类推解释，在各种解释方法之间，似乎存在一定的位阶关系。❷ 陈兴良教授还在其主编的《刑法方法论研究》中为刑法解释学应有的地位大声疾呼，强调方法论研

---

❶ 参见高铭暄、赵秉志主编：《新中国刑法学五十年》，中国方正出版社2000年版，第38页。

❷ 参见陈兴良主编：《刑法学方法论》，清华大学出版社2006年版，第8页以下。

究"对于刑法学的知识更新与学术提升的重要意义";❶ 在其建议下召开了以刑法学方法论为主题的全国中青年刑法学者专题研讨会,一时间刑法学方法论成了刑法学界的热门话题。

梁根林教授则认为,现代法学达成的一个共识就是,无论立法者多么充满理性与睿智,也绝不可能洞察所要规范的社会生活现实中的一切问题。作为立法活动的产物的刑法文本,不可避免地具有抽象性、模糊性、滞后性、开放性、不确定性等诸多局限,因此刑法文本的表述不可能做到完满无缺。这就需要刑法解释学的介入。刑法解释的对象是刑法文本。刑法解释具有法律解释的一般共性,但也有其特殊性——受罪刑法定原则这一帝王条款的制约。刑法解释学的目标定位,应当是实现形式解释论与实质解释论的调和,刑法解释的主体应该归属于最高人民法院与最高人民检察院,以具体解释的形式,以刑事判例为载体进行刑法适用解释。刑法解释的方法选择,在综合考虑刑法文本特性、罪刑法定原则与刑法解释目标要求的情况下,应该按照文义解释—体系解释—历史解释—目的解释—合宪解释的顺序进行。❷

而张明楷教授则公开宣称"刑法不是嘲笑的对象",力主一门建立在实质解释论基础上的刑法解释学。其所著的《刑法分则的解释原理》与《刑法学》可以看作实质解释论的集大成者。张明楷教授认为,刑法分则条文并非界定具体犯罪的定义,而是以抽象性、一般性的用语描述犯罪类型,因此,形式性、抽象性、一般性以及概念性对于刑法的形成是必不可少的。关键在于,要保证将始终变动的生活关系的独有性与特殊性在法律发现的过程中引入。说得更明白一些,就是要使刑法规范与不断变动的生活事实相对应。解释者的目光,应不断地往返于大小前提之间,使正义理

---

❶ 参见陈兴良主编:《刑法学方法论》,清华大学出版社 2006 年版,前言第 1 页。

❷ 参见梁根林主编:《刑法方法论》,北京大学出版社 2006 年版,第 145 页以下。

念，刑法规范与生活事实相互对应起来，从而发现法律，做出裁判。❶ 这样一来，刑法解释学就必然奠基于主张对刑法规范根据生活事实做出灵活解释的实质解释论之上了。至于解释方法的位阶关系问题，张明楷教授认为，目的解释与文理解释具有决定性。目的解释的决定性在于：在对某个刑法条文可以做出两种以上的不同解释时，只能采纳符合法条目的的解释结论；文理解释的决定性在于：所有的刑法解释，都要从法条的文理开始，而且不能超出刑法用语可能的含义，否则就属于违反罪刑法定原则的解释，即便符合刑法条文的目的，也不可采纳。正确的解释，必须同时满足目的解释与文理解释的要求，除此之外的解释方法，并不存在谁优于谁的规则。❷

托马斯·库恩在其《科学革命的结构》一书中，提出了"范式转换"的概念。他认为，所谓范式，就是指特定的科学共同体从事某一类科学活动时所必须遵循的那些得到该共同体承认的研究模型或模式。❸ 某个研究领域获得了范式，获得了范式所容许的那种深奥的研究，就是这个领域中的科学已经成熟的标志。❹ 而范式转换，即新的范式取代旧的范式，属于科学革命的实质，它将从根本上改变该领域科学研究的世界图景。从上述中国的刑法解释学当前的学术研究成果来看，可以认为，中国的刑法解释学已摆脱了原先的唯刑事司法、司法解释马首是瞻的法条中心主义的注释刑法学，创建了一系列用于理解刑法文本含义的方法论体系，对刑法的认知与解释从零散化、个别化的认知飞跃到了体系化的解释，使刑法学研究

---

❶ 参见张明楷：《刑法分则的解释原理（上）》，中国人民大学出版社 2011 年版，第 93 页以下。

❷ 参见张明楷：《刑法学》，法律出版社 2011 年版，第 40 页。

❸ 参见［美］托马斯·库恩著：《科学革命的结构》，金吾伦、胡新和译，北京大学出版社 2003 年版，第 21 页。

❹ 参见［美］托马斯·库恩著：《科学革命的结构》，金吾伦、胡新和译，北京大学出版社 2003 年版，第 10 页。

的理论品格大大提升，因此，我们可以毫不迟疑地断言，中国的刑法解释学，已经实现了由特殊的刑法解释学向普遍的刑法解释学的范式转换。

总体而言，普遍的刑法解释学所创立的体系化思考模式，具有以下优点：❶

1. 增加刑事裁判的可预测性

在刑法解释学设定了概念与相应的界限，并且对解释的方法选择规定了一定的位阶的情况下，刑法就能在安全和可预见的方式下得到运用，并且能够避免非理性化、专断性与肆意性。刑法解释学越是不发达，法院的裁判就越是难以预见，刑事裁判最终会变成一种"摇奖的机会"，最终沦为混乱与无目的性的牺牲品，国民的行动自由与刑法的社会功能也就荡然无存了。而一个表达清楚、概念明晰、方法定位准确的刑法解释学，不仅能大大地减少这种"摇奖的机会"，还能借着增加刑事裁判的可预测性，明确国民的行动自由的范围与界限，从而实现刑法的规范社会行动、确保社会秩序的社会功能。

2. 减少刑事裁判的难度

在体系化的刑法解释学中，所有刑事可罚性的条件的组合与分类，首先都具有简化和完成刑事裁判的实践性优点。无论是在法官、检察官或律师对其所处理的刑事案件做出职业性评价时，还是在专家学者对刑事案件做出专业性意见时，由于遵守了共同的解释标准，所有与刑事可罚性相关的重要问题，都能够确保得到全面的审查。与此同时，由于能够遵守相同的概念解释与方法选择，思考的经济性也大大增加了。刑法解释学可以一

---

❶ Vgl. Claus Roxin, *Strafrecht Allgemeiner Teil Band I: Grundlagen · Der Aufbau der Verbrechenslehre*, Verlag C. H. Beck München 2006, S. 211ff.

目了然地安排案件材料，减少找法的困难。刑法的理论工作者与实务工作者，可以轻松地将案件事实归摄于一定的构成要件之下进行讨论，而不必考虑与刑法解释学给定的解释结论无关的事物。

3. 作为平等或有区别地理性适用刑法的条件

刑法的终极目的是实现正义，而正义要求我们对相同情况做出相同处理，对不同的情况做不同处理。体系化的刑法解释学，能够为法律材料安排一种符合实际情况的有区别的理性秩序。以正当防卫为例，刑法解释学不仅能够为其是否成立提供明确的判断标准，还能为各种不同的情况提供处理的一般原则。在某人的人身、财产和其他权利受到正在进行的不法侵害时，其可以采取防卫行为制止不法侵害的行为，只要不超过必要的限度，即便对不法侵害人造成了损害，也不承担刑事责任；在某人受到行凶、杀人、抢劫、强奸、绑架以及其他严重危及人身安全的暴力犯罪的侵害时，其防卫行为不受任何必要限度的约束；在其防卫行为不幸地误伤无辜的第三人时，不成立正当防卫，而是在期待可能性与紧急避险的范围内讨论其是否免责或减轻责任的问题。由此可见，体系化的刑法解释学，可以使刑事法官针对大量的案件事实做出具有刑事政策上令人满意的、同时照顾到各种利益状态不同点的裁判。如果我们没有这样的体系化的刑法解释学，则需要刑法条文针对每个可以想象到的特殊情况，都做出与众不同的规定。这不仅可能使刑法典内容膨胀到超乎想象的程度，并且，由于缺乏体系化的引导，刑法条文之间很可能是漫无头绪、互不衔接、自相矛盾的。因此，体系化的刑法解释学的贡献之一，就是保证刑法能够得到公平与理性的适用。

4. 刑法的简化与更好的操作性

从前述的分析中，我们不难看出，体系化的刑法解释学还大大地简化了刑法适用这一艰巨的工作。大量的相关材料被分散规定在数量庞大、体系杂乱的刑法条文与立法、司法解释，甚至判例之中。刑法解释学对这些相关材料，以及刑法条文与立法、司法解释，甚至判例之间的关系做了仔细的梳理，厘清了刑法总则与分则之间的关系，促进了两者之间的协调，减少了刑法条文表述中不必要的漏洞与对立，尽可能地避免了矛盾与不协调之处，❶借此大大地减轻了刑法的理论工作者与实务工作者适用刑法的难度。若没有体系化的刑法解释学，刑法的适用工作就会变得高度复杂，难以捉摸。

5. 能够进一步深化刑法学理论

体系化的刑法解释学并不满足于固守现有的解释结论。恰恰相反，其总是试图突破现有的结论，针对新的情况做出新的结论。借此，刑法学理论研究的深度就被大大拓宽了。期待可能性理论就是一个明显的例子。德国刑法学中本来并无期待可能性这一概念，部分刑法学者根据帝国法院对"癖马案"的判决发展出了这一理论，并借助刑法解释学，对期待可能性的概念内涵，体系定位进行了详细的研究讨论，结果不仅让刑法学理论最终接纳了期待可能性这一概念，还成功地促使新古典犯罪论体系的罪责阶层由心理责任论转换为规范责任论。❷ 期待可能性的理论传入中国之后，也激起了刑法学界的浓厚兴趣与热烈讨论，从而极大地丰富了中国刑法学理论的知识宝库。

二、中国的刑法解释学在当下所存在的问题

利之所在，弊亦随之。虽说中国的刑法解释学通过由特殊的刑法解释

---

❶ 参见张明楷：《刑法分则的解释原理（上）》，中国人民大学出版社 2011 年版，第 109 页以下。

❷ 参见许玉秀：《当代刑法思潮》，中国民主法制出版社 2005 年版，第 69 页以下。

学向普遍的刑法解释学的范式转换而消弭了过去偏重于法条注释的缺陷，摆脱了法条中心主义的桎梏，提升了刑法学研究的理论品格，但不可否认的是，它也带来了新的问题：刑法解释学本身的不确定性问题。而不确定性这一问题又可以划分为如下几个方面。

（一）刑法解释本身的合理性与界限问题

罪刑法定原则可谓刑法中的"帝王条款"，我国 1997 年刑法典第 3 条就规定了这一原则。将罪刑法定原则立法化表明我国刑法在民主法治的道路上迈出了重要的一步，具有里程碑式的意义。但是，罪刑法定原则的立法化仅仅是一个开端，如果不想使罪刑法定原则沦为可疑的法律口号，就必须在司法活动中切实地贯彻落实这一原则，这就引申出了罪刑法定原则司法化的问题。而对于罪刑法定原则司法化来说，刑法解释是一种非常重要的司法化技术，只有发展出明确可靠的刑法解释方法，才能真正为罪刑法定原则司法化提供必需的保障。但问题在于，普遍的刑法解释学最终所面临的解释对象，仍然是刑法条文与规范。刑法条文与规范本身不可能是自明的，其与数理逻辑以及科学性语言不同，其所使用的概念的外延并不十分明确，其表达方式具有一定的弹性，其所可能具有的意义在一定的范围之内摇摆不定，根据适当的情况、所指涉的事物、言语的脉络、在文中的位置以及用语的强调，而可能有不同的内涵。即使是较为明确的概念，仍然经常包含着一些本身缺乏明确界限的要素。❶ 从这个意义上来说，不仅有疑义的刑法条文需要解释后才能适用，甚至任何一条刑法条文与规范都需要经过解释方可适用，含义原本十分明确的概念，在遇到新的具体情况时，文义就会变得含混不清而需要解释者做出新的解释。❷ 这一点在社

---

❶ Vgl. Karl Larenz · Claus - Wilhelm Canaris, *Methodenlehre der Rechtswissenschaft*, 3 Aufl., Springer-Verlag 1995, S. 133.

❷ 参见陈兴良、周光权：《刑法学的现代展开》，中国人民大学出版社 2006 年版，第 71 页。

会生活日益复杂化与多元化，各种刑事疑难案件频发的当下显得更为明显。

以轰动一时的"组织同性卖淫案"为例。被告人李宁以营利为目的，先后伙同刘某、冷某等人在其经营的酒吧内将"公关先生"介绍给同性嫖客，由同性嫖客带到多处地方从事同性淫乱活动。[1] 问题在于，以赢利为目的组织同性进行淫乱活动的行为，是否属于刑法第 358 条组织卖淫罪所指的"卖淫"？从该案的几经反复，[2] 以及某些媒体舆论的质疑，[3] 以及法学界对此案的激烈争议来看，[4] 由于向同性提供性服务是近年来才出现并进入刑法视野的行为，一般民众，甚至包括刑法学界对这种行为是否属于"卖淫"尚没有取得共识，"卖淫"这一从前专指男女之间性交易的概念现在能否包括同性间的性交易行为，刑事法官是无法轻易做出判断的。像这样的例子在刑法中是举不胜举的。这就引发了一个颇为致命的问题，如果刑法解释不可避免地具有模糊性的话，那么刑事法官究竟应该如何在罪刑法定原则的限制下对刑法条文与规范做出解释呢？如果刑法解释的答案是不可避免地具有多样性的话，刑事法官在刑事裁判中所选择的刑法解释的合理性何在？如果刑事法官在刑事裁判中不可避免地要对刑法条文与规范做出解释，那么刑法解释的界限何在，如何才能不违反罪刑法定原则？如果不能很好地回答这些问题，罪刑法定原则在司法化层面就有可能被刑法解释的肆意性所架空，缺乏合理性与明确界限的刑法解释最终会使刑法解释学本身流于肆意与盲目，刑事法官的刑事裁判就会因此失去实践理性的保障。

---

[1] 参见最高人民法院刑一庭、刑二庭编：《刑事审判参考》2004 年第 3 辑（总第 38 辑），法律出版社 2004 年版，第 137 页以下。

[2] 在该案中，检察机关一度曾以刑法对组织同性卖淫行为没有明确规定为由不批捕；江苏省政法委专门就此案开会研讨，决定由江苏省高级人民法院向最高人民法院请示，最高法院再向全国人大常委会汇报，全国人大常委会法律委员会专门就此做出了口头答复，被告人方才被逮捕。

[3] 参见王北京："'类推定罪'借同性卖淫案'复活'？"，载《南方周末》2004 年 2 月 26 日。

[4] 参见曹峰峻："'同性卖淫'案引发法学界观点交锋"，载《民主与法制》2004 年第 6 期。

（二） 主观解释论与客观解释论之争

刑法解释学并不否认，刑法解释存在一定的立场选择，具体说来，首先就是主观解释论与客观解释论之分。按照通行的观点，主观解释论是指探究历史上立法者的主观心理意愿；客观解释论是指解释和分析法律中内存的客观意义。❶

主观解释论对客观解释论提出的批评认为，客观解释论主张刑法条文与规范没有永恒不变的含义，而是应当根据社会生活的客观实际的变化而变化，虽说这样的解释论能够使刑法适应不断变化发展的社会现实情况，貌似非常合理，但是由于解释者的知识、立场、价值取向等均存在较大的差异，因而在具体情况中对刑法条文与规范的理解并不尽相同，解释法律的标准因此难以确定；况且，从解释的范围射程来看，客观解释论往往否定主观解释论的解释结论，倾向于根据社会现实情况的变化扩大刑法条文与规范的可能文义的射程，以尽可能地将某种行为纳入犯罪圈，这种做法不仅有碍人权保障，也会动摇罪刑法定原则。而主观解释论所要探寻的立法原意，虽说探寻起来有一定的困难，但经过一定的方法程序，还是能有所把握的，而遵循了立法原意，就能防止刑事裁判的肆意性，切实保障国民的自由与人权，增进社会公众对刑法的认同感；至于刑法条文与规范的滞后性问题，完全可以通过新的立法、司法解释或立法来解决，而不应当将解释权交到刑事法官手中让其越俎代庖。❷

而客观解释论则引用"解释者可能比作者更聪明"这一名言，认为对刑法条文及其规范进行完全的主观解释是不可能的，因为立法意图并不独

---

❶ Vgl. Karl Larenz · Claus – Wilhelm Canaris, *Methodenlehre der Rechtswissenschaft*, 3 Aufl., Springer-Verlag 1995, S. 137.

❷ 参见熊伟："主观解释论之提倡"，载《中国人民公安大学学报》（社会科学版）2013 年第 5 期。

立于解释者，而是自在地存在于刑法文字中的，刑法解释也不可能完全是一个客观的发现立法意图的过程。❶ 刑法解释从本质上来说是一种创造性的活动，而不是消极地、被动地去发现立法者的原意。因此，刑法解释的目标应当是存在于刑法条文与规范中的客观含义，而不是立法者在制定刑法时的主观意思或立法原意；况且，立法原意并不十分明确，在面对很多立法者在立法时未考虑到的情况，又怎么可能会有立法原意；至于主观解释论所诟病的解释标准模糊问题，完全可以用刑法条文与规范的可能文义来加以限制，超出可能文义范围的解释当然是违反罪刑法定原则的。总而言之，罪刑法定原则的司法化是并不排斥客观解释论的。

（三）形式解释论与实质解释论之争

刑法解释学的立场选择还存在形式解释论与实质解释论之争。

以陈兴良教授为代表的形式解释论，基于对罪刑法定原则的形式理性化的理解，主张刑法解释应当通过形式要件，将实质上虽值得科处刑罚但缺乏刑法规定的行为排除在犯罪范围之外。❷ 而以张明楷教授为代表的实质解释论则主张，对刑法中犯罪构成要件的解释不能拘泥于刑法条文的字面含义，而是必须以保护法益为指导思想，将应予处罚的行为的违法性与有责性提升到值得用刑罚处罚的程度；在遵循了罪刑法定原则、不超出刑法条文与规范的可能文义，不有碍国民的预测可能性的前提下，可以做出扩大解释，将实质上值得科处刑罚的行为纳入犯罪圈，以实现刑法的保护法益的功能。❸ 形式解释论批评实质解释论误解了罪刑法定原则的含义，以处罚必要性来取代刑法条文与规范的可能语义，从而导致刑法条文与规范的语义随着处罚必要性的增加而不断拓展，从而使刑法解释失去了必要

❶ 参见陈兴良、周光权：《刑法学的现代展开》，中国人民大学出版社 2006 年版，第 75 页。
❷ 参见陈兴良："形式解释的再宣示"，载《中国法学》2010 年第 4 期。
❸ 参见张明楷："实质解释论的再提倡"，载《中国法学》2010 年第 4 期。

的界限，实质解释也就变得根本无预测可能性。而实质解释论则批评形式解释论在构成要件之外寻找定罪的标准，从而违反了罪刑法定原则的初衷；形式解释论不做实质判断而没有将具有处罚必要性的行为入罪，从而不当地缩小了处罚范围，无法使刑法完成保护法益的功能。

主观解释论与客观解释论、形式解释论与实质解释论之争当然不仅仅是一种纯粹的"口号之争"，甚至也不是纯然的中国刑法学的流派之争，而是实实在在地关系到社会公众的自由与人权保障的立场之争。举例而言，有学者就认为，"马尧海聚众淫乱案"在主观解释论与客观解释论面前就有可能会得出不同的结论。[1] 对于"故意侵入他人的股票委托交易账户采取高进低出的方式，造成他人财产损失的"行为，形式解释论认为不成立故意损害财物罪，[2] 而实质解释论则认为成立。[3] 由此可见，主观解释论与形式解释论强调了刑法的人权保障功能，属于个人本位刑法观的范畴，而客观解释论与实质解释论则强调了刑法保护社会利益和社会秩序的功能，属于国家本位刑法观的范畴。就一般而言，现代刑法既要充分考虑保护社会利益和社会秩序，也要充分保障公民权利和个人利益，但这两者之间的确经常出现孰先孰后的冲突，这种冲突在刑法解释学上的经典表现就是主观解释论与客观解释论、形式解释论与实质解释论之争。刑法解释学如何适当地协调两者之间的冲突呢？这仍然是一个悬而未决的问题。

（四）解释方法选择的位阶之争

刑法解释学是通过一定的解释方法来阐释刑法条文与规范的含义的。刑法文本的公法性、强制性、补充性、罪刑法定原则等特征决定了刑法规则体系应当是一个具有确定性与安全性的体系。对刑法文本的解释必须依

---

[1] 参见杨兴培："刑法实质解释论与形式解释论的透析和批评"，载《法学家》2013 年第 1 期。

[2] 参见陈兴良："故意毁坏财物行为之定性研究"，载《国家检察官学院学报》2009 年第 1 期。

[3] 参见张明楷："实质解释论的再提倡"，载《中国法学》2010 年第 4 期。

照严格解释的标准来进行，因此刑法解释学需要慎重地选择和使用既能符合一般性法律解释论的要求又能兼顾刑法文本解释特点的特定解释方法，并且对解释方法的适用顺序加以适当安排。如前所述，刑法的解释方法可谓琳琅满目。那么，在诸多的解释方法中，是否存在一定的位阶关系（Rangverhaltnis）呢？

对于这个问题，学界的态度是暧昧、含糊、矛盾的。王泽鉴教授就认为，各种解释方法之间并不存在一种永远固定不变的位阶关系，但是解释者也不能肆意选择某种解释方法。总体而言，法律解释是一个以法律意旨为主导的思维过程；每种解释方法各有其功能，但其功能并非绝对而是有一定限制的；每种解释方法的分量虽有不同，但仍须相互补充，共同协力，以获致适当的解释结论，在具体的个案中协调当事人的利益，以贯彻正义的理念。❶ 这一观点得到了梁慧星教授的赞同。❷ 这种观点看似合理，实际上存在着极大的疑问：诸多的解释方法之间的一定的位阶关系，如果存在的话，并不一定就是一种放之四海皆准、适用于任何具体案例的固定不变的位阶关系，也有可能是一种动态的，根据具体案例不断调整的关系。如果本书没有理解错的话，王泽鉴与梁慧星两位教授所主张的就是这种动态的位阶关系。问题在于，动态的位阶关系要求各种解释方法以法律意旨为主导，在正义理念的指导下相互补充、协助以获致适当的解释结论，那么什么才是"法律意旨"呢？具有讽刺意味的是，对"法律意旨"的解释本身也需要运用一定的解释方法，这又引出了解释方法之间的位阶关系问题，从而沦为黑格尔所嘲讽的"坏的无限"；另外，"正义的理念"，刑法的解释方法之间协作的原则同样存在这种问题。除此之外，"法律意旨""正义的理念"这样的概念在普遍的刑法解释学中，仍然属于具有高

❶ 参见王泽鉴：《法律思维与民法实例》，中国政法大学出版社 2001 年版，第 240 页以下。

❷ 参见梁慧星：《民法解释学》，中国政法大学出版社 1995 年版，第 244 页。

度不确定性的法律概念，不同的解释者对此极有可能有不同的理解，借此做出的刑事裁判本身自然难以免除模糊性、肆意性的指控。

有的刑法学者则认为刑法的解释方法之间存在固定的位阶关系。梁根林教授就认为，文义解释应当成为解读刑法文本的基本的和首选的方法；在文义解释不足以确定刑法文本的真实含义时，应当运用体系解释，把对刑法文本特定词语的解释，与它所在的上下文相联系，在保持刑法体系的一贯性和语言文字含义一致性的前提下，确定所需要解释的刑法文本特定词语的真实意思；在体系解释仍然不能合理确定刑法文本特定词语的含义时，则运用历史解释方法，通过研究刑法文本赖以形成的立法史材料，探寻立法者制定刑法时的立法目的；在历史解释仍然不能适当地确定刑法文本特定词语的含义时，则运用目的解释，对刑法文本特定词语的含义进行符合立法目的的解释；为了确保解释的可预测性，目的解释必须遵循合宪性的要求，这就引出了合宪解释这一解释的最高阶段。总而言之，刑法解释方法的选择有其固定位阶，即文义解释→体系解释→历史解释→目的解释→合宪解释。[1] 而陈兴良教授虽也赞同刑法的解释方法之间存在固定的位阶关系，却又认为，刑法形成的历史因素，对文义解释形成了一种限制，由此而言，历史解释优于体系解释。[2]

从上文梳理中可以看出，对刑法的解释方法的位阶关系的观点，恐怕不比刑法解释方法更少。更令人感到困惑的是，诸多观点，放在普遍的刑法解释学的范围内观察的话，似乎都具有一定程度的合理性，很难说清楚孰优孰劣。刑法的解释方法的位阶关系，借此陷入了相对主义与模糊性的泥潭之中。理性的刑事裁判所需要的确定性，要求刑法解释学在刑法的解释方法的位阶关系这一问题上提供确定的答案，可惜的是，刑法解释学不

---

[1]　参见梁根林主编：《刑法方法论》，北京大学出版社 2006 年版，第 161 页以下。

[2]　参见陈兴良主编：《刑法学方法论》，清华大学出版社 2006 年版，第 20 页。

仅在这一问题上爱莫能助，反倒依赖于自身的澄清。

三、刑法的经济分析是否有助于消除不确定性的问题？

在最近的法学研究中，社科法学开始异军突起。社科法学力图突破传统的法律教义学的桎梏，运用社会科学的研究结果与方法论去分析法律现象，预测法律效果。❶ 社科法学中的翘楚，当属法经济学。刑法学界已经有人开始尝试将经济分析的一套方法引入刑法学中，以解决令人困扰的刑法解释的不确定性问题。

（一）刑法的经济分析的基本主张

在当今的刑法学研究中，使用经济分析方法已经屡见不鲜了。其原因很简单：像法律这样正式的社会约束，总是在试图精确和明确地调整人们的行为。❷ 刑法以建立在剥夺性痛苦基础上，作为最严厉的强制措施的刑罚来规制人们的行为，对其精确性和明确性的要求理所当然是最高的，因此，按照王世洲教授的说法，以刑法为研究对象和问题视域的刑法学应当是一门"最精确的法律科学"。❸ 而经济学以数学和逻辑学为基本理论工具，因而具备了其他社会科学所不具备的内在一致性，❹ 最易对知识的精确性与有效性进行客观验证，❺ 所以，在刑法学研究中使用经济学的理论

---

❶ 参见陈柏峰："社科法学及其功用"，载《法商研究》2014 年第 5 期。

❷ 参见［美］哈维兰著：《文化人类学》（第 10 版），瞿铁鹏、张钰译，上海社会科学出版社 2006 年版，第 366 页。

❸ 参见［德］克劳斯·罗克辛著：《德国刑法学总论（第 1 卷）》，王世洲译，法律出版社 2005 年版，译者序第 1 页。

❹ See John Quiggin, *Zombie economics: how dead ideas still walk among us*, Princeton University Press, 2010, p. 211.

❺ 参见林东茂：《刑法综览》，中国人民大学出版社 2009 年版，第 10 页。

建构与分析方法以获致具有尽可能的精确性的答案，也就不足为奇了。

总的来说，刑法的经济分析的支持理由有以下几点：

首先，经济学并不是自然科学（尽管其接近自然科学），按照现代微观经济学体系的奠基人马歇尔教授的说法，经济学是一门"研究人类一般生活事务的学问"，❶ 因此，经济学完全可以运用到人类世界中去。另外，经济学也并不排斥价值思考。经济学分为实证经济学和规范经济学，实证经济学讨论社会事实，而规范经济学涉及伦理信条和价值判断。❷ 因此，以价值思考为导向的刑法知识完全可以进行经济分析。

其次，应当承认，刑法所追求的终极伦理目的是为社会上每个人的法益提供完备无遗的保护。但这一目的仅仅是应然的价值追求而已。在现实的社会生活中，任何人都必须承认经济学定理——物品和资源是稀缺的，因此社会必须考虑资源分配问题以确保最有效地利用这些资源。❸ 在刑法中也是如此，国家和社会为刑法投入的资源是有限的，所以对每个人的法益的保护不可能达到尽善尽美的境界，因此运用经济学的分析方法研究如何合理配置司法资源，以使实然的刑事司法系统的运行状况和社会效益尽可能地接近刑法应然的价值目标，合理可行而且无可厚非。

最后，经济学不仅仅关注效率问题，而且也在很大程度上关注公正问题。❹ 只不过，从经济学的视角来看，效率与公正之间存在一定的权衡取舍（tradeoff）。❺ 这是人类的社会生活所不能回避的问题。事实上，效率与

---

❶ ［英］马歇尔著：《经济学原理（上）》，朱志泰、陈良璧译，商务印书馆 1964 年版，第 26 页。

❷ 参见［美］保罗·萨缪尔森、威廉·诺德豪斯著：《微观经济学（第 19 版）》，萧琛主译，人民邮电出版社 2012 年版，第 6 页。

❸ 参见［美］保罗·萨缪尔森、威廉·诺德豪斯著：《微观经济学（第 19 版）》，萧琛主译，人民邮电出版社 2012 年版，第 4 页。

❹ 参见［美］保罗·萨缪尔森、威廉·诺德豪斯著：《微观经济学（第 19 版）》，萧琛主译，人民邮电出版社 2012 年版，第 35 页以下。

❺ See Paul Krugman & Robin Wells, *Economics*, Worth Publishers, 2009, p. 14.

公正之间如何进行权衡取舍这一问题，在很大程度上也依赖于经济学的分析。

从根本上来说，法律是一种人类社会的组织方式，是社会秩序的主要架构，渗透社会生活中的每个角落。可惜的是，以问题为导向的法律科学本身并没有什么特殊的研究方法，它的大部分研究与分析工具都是从其他学科借鉴来的，❶ 法学从经济学、哲学、社会学等学科引进了大量的研究方法与观察视角，由此看来，在刑法学中运用经济分析方法，不仅是合理可行的，在某种程度上甚至是必要的。

（二）刑法的经济分析对于消除不确定性的问题并无多少助益

在本书看来，综合现有的刑法的经济分析的研究成果来看，经济分析属于刑法解释学的方法论范畴。经济分析在刑法解释学中的作用仅仅是提供一套别的学科所不能提供的研究方法与观察视角，帮助刑法的解释者更好地理解刑法文本的含义并做出相应的决策而已。需要特别指出的是，即便将经济分析限制在刑法解释学方法论的范畴之内，它所能提供的也是极其有限的。正如阿马蒂亚·森所说的，在某种意义上，经济学的视野范围十分狭窄，经济分析即使在经济学内部也不怎么合乎人意，很多理论建构"不仅对制度的描述极为简单，而且对人类行为的看法也非常狭隘"，将其贸然应用于其他社会科学领域无异于"亚历山大没有首先对马其顿建立起控制权就扬帆去了波斯"❷。因此，那种将经济分析凌驾于任何学科之上，企图以纯粹的经济思维方式取代其他一切价值思考，霸气十足地在各门社会科学之间攻城略地，蛮横地将纷繁复杂的社会生活现象全部简约化为经

---

❶ 参见 [美] 道格拉斯·G. 拜尔、罗伯特·H. 格纳特、兰德尔·C. 皮克著：《法律的博弈分析》，严旭阳译，法律出版社1999年版，丁利所写之中译本序言，第2页。

❷ 参见 [印] 阿马蒂亚·森著：《伦理学与经济学》，王宇、王文玉译，商务印书馆2000年版，第14页。

济学的理论范式的"经济学帝国主义",不足为训。

更重要的是,经济分析本身并不像其提倡者所期望的那样能够克服不确定性问题,提供毫不含糊的答案,而是也存在高度的不确定性问题。萧伯纳曾经讽刺地说道:"即使把所有的经济学家都排成一串,他们也达不成一个共识。"这虽然是句俏皮话,却相当真实地反映了一个严酷的现实:经济分析即便是在经济学界内部也并不是完美无缺的,经济学家在很多问题上存在分歧。一般说来,经济学分为实证经济学和规范经济学,经济分析也就相应地分为实证分析和规范分析。由于经济学家可能对世界是如何运行的不同实证理论的正确性存在分歧,因此他们的实证分析结果可能各不相同;由于经济学家可能有不同的价值观,他们对规范问题的分析就可能各持己见。❶ 其结果就是,经济学家往往给决策者提供相互矛盾的政策建议。对于自诩是最精确、最规范的科学的经济分析而言,没有比这样的结果更为不妙的了。这自然会引发"经济分析是否科学"的质疑。

在本书看来,经济分析方法从实证论的角度出发,突破了原来刑法学所固守的形而上学的思考方式,为刑法科学的各个领域带来了全新的分析思路与理论框架。这一方法不仅在犯罪门槛设定、刑事政策的目标、刑法哲学的价值追求、刑法解释学的解释方法等方面提供了极为有益的参考资料,还深刻地揭示了刑事立法与司法中所存在的效率与正义之间的张力。这些结论不仅在理论上具有一定的可靠性,在实践上也具有很大的参考价值。因此,经济分析方法迅速成为刑法学研究中颇受青睐的方法论,关注度急剧上升。但是,对社会现实(reality)进行研究和把握的路径,并非仅有经济分析一种。经济分析方法的价值,在于能从其所立足的视角出发,提供一整套理论模型与分析工具,据此做出一定的结论以供参考,帮

---

❶ See N. Gregory Mankiw, *Principles of Economics*, South-Western, Cengage Learning, 2011, p. 34.

助我们把所要研究的社会现实问题理解得更好而已。它没有也不可能取代其他研究路径成为对社会现实的唯一研究方法。这样看来，刑法的经济分析本身不过是诸多用于理解刑法文本含义的方法论体系中的一种，其本身并没有摆脱普遍的刑法解释学的桎梏，因此其对于消除刑法解释中不确定性的问题并无多少根本性的助益。

四、刑法解释学的本体论转型

在本书看来，刑法解释学应该区分为方法论与本体论两大部分。刑法解释学的方法论，如前所述，乃是一种解释的技术论，其主要目的在于建立一套描述或指导如何理解刑法文本含义的方法的规则体系；刑法解释学的本体论则探究，对刑法文本的理解得以可能的基本条件及程序，从而阐明刑法文本与生活世界之间的基本关系。刑法解释学的本体论是刑法解释学的基石，刑法解释学的方法论只有在本体论的奠基上才能彻底发挥其应有的作用。

这样看来，作为一种理解刑法文本含义的方法论的普遍的刑法解释学属于刑法解释学的方法论，其本身是无法澄清上述的疑问和争论的，因为它仅从刑法解释学的内在视角出发，基于实用主义的需要出发去考察理解刑法文本的方法。它没有也不可能提出一套评价自身的标准，因为某个体系的评价标准不能来自其自身。换句话说，刑法解释学的方法论缺乏自身反思。因此，只有实现刑法解释学由方法论向本体论的转型，把研究视角放到使刑法文本的理解得以可能的基本条件及程序上，从以哲学诠释学为基础的刑法解释学的外在视角这样一个更高的角度出发，刑法解释学的方法论本身的疑义才能澄清。下面就让我们从哲学诠释学的视角来考察刑法解释学的本体论的基本结构，尤其是前理解的问题，以及其是如何对上述的不确定性问题进行澄清的。

刑法解释学的基本特征与结构

一、刑事裁判的基本问题

(一) 刑事裁判在现代社会中的作用与目的

刑事裁判在现代社会中的重要性是毫无争议的，但是对于其在现代社会中的作用与目的，至今尚有很多不明确之处。

中国刑事诉讼法学界权威观点始终认为，刑事诉讼从本质上来看属于国家贯彻落实刑罚权的活动。❶ 由此可知，追究犯罪的责任、惩罚犯罪分子，实现国家刑罚权，是刑事裁判在现代社会中的首要作用与目的。

这种一元目的论的主张乍看之下似乎很合理，但是仔细推敲起来却疑问重重。首先需要指出的是，惩罚犯罪虽能够通俗易懂地表达国家在应对犯罪现象，维护社会秩序方面所采取的鲜明立场，但其仅仅是一种宣示性的政治口号，而非严格意义上的法律概念，❷ 因此不适合作为刑事裁判以及作为其过程的刑事诉讼的目的。再者，在现代法律体系中，秩序、公平和个人自由是法律制度的基本价值和首要目的，法律的目的不是废除或限

---

❶ 参见陈光中主编：《刑事诉讼法》，北京大学出版社、高等教育出版社 2009 年版，第 2 页。

❷ 参见郝银钟："刑事诉讼双重目的论之批判与重构"，载《法商研究》2005 年第 5 期。

制自由，而是保护和扩大自由，防止国家公权力不当侵犯公民的合法权益。❶ 显然，惩罚犯罪这样的表述方式及程序设计与现代法律的价值追求并不相符。所以，其既不可能是现代法律的目的，也不应当成为现代社会解决社会冲突、维护社会秩序的法定方式，更不宜设定为刑事裁判以及作为其过程的刑事诉讼的终极目的。❷ 最后，主张以惩罚犯罪作为刑事诉讼以及刑事裁判的目的的学者有意无意地忽视了下面一个事实：现代刑事诉讼法所取得的绝大多数成果与惩罚犯罪无关，刑事诉讼反而对国家专门机关打击、惩罚犯罪活动的效率形成了制约。一个国家对付犯罪并不需要刑事诉讼，没有刑事诉讼法也并不妨碍国家对犯罪的有效镇压与打击，而且，没有刑事诉讼法的犯罪打击可能是更加及时、有效、灵活与便利的。❸ 主张以惩罚犯罪作为刑事裁判以及作为其过程的刑事诉讼的目的的观点并不能圆满地解释这一现象。

也有学者在借鉴德国的学说的基础上，主张刑事裁判在现代社会中的作用与目的应当是多元的，即实体真实、法治程序、法和平性。❹

1. 实体真实

即"发现实体真实"，它具有正反两个方面的含义，对于无辜的被告而言，只有当刑事裁判结果确认并宣告其无罪时，才能称得上发现了实体真实；而对于真正的犯罪人而言，只有当刑事裁判结果确认其犯罪事实并依照刑法施加处罚时，才能说是达到了实体真实。所以，切不能将发现实体真实直接等同于"有罪必罚"，而是包含了"毋枉、毋纵"两层含义。

---

❶ 参见［美］彼得·斯坦、约翰·香德著：《西方社会的法律价值》，王献平译，中国人民公安大学出版社 1989 年版，第 1 页以下。

❷ 参见郝银钟："刑事诉讼双重目的论之批判与重构"，载《法商研究》2005 年第 5 期。

❸ 参见李海东：《刑法原理入门》，法律出版社 1998 年版，第 4 页。

❹ 参见林钰雄：《刑事诉讼法（上册总论编）》，中国人民大学出版社 2005 年版，第 6 页以下。

2. 法治程序

发现实体真实虽为刑事裁判以及作为其过程的刑事诉讼的重要目的，但是绝不表示刑事诉讼容许以不择手段、不问是非、不计代价的手段来发现实体真实。因为现代国家的刑事诉讼同时追求其他的目的，尤其是符合法治国基准的诉讼程序。刑事裁判通过对符合法治国基准的诉讼程序以及借此获得的实体真实的确认，向全社会宣告保证诉讼参与人，尤其是犯罪嫌疑人、被告人实现其应有的主体地位与保护权利。

3. 法和平性

刑事诉讼因犯罪行为而起，社会的稳定与和平因犯罪受到破坏。刑事裁判通过宣告有罪或开释无辜，向被告人、被害人乃至社会大众传递系争的刑事案件在司法上已告终局落幕，以恢复原来因犯罪而被破坏的社会和平生活。

这种多元的目的论摒弃了将惩罚犯罪作为刑事裁判在现代社会中的作用与目的观点，强调追求实体真实与法治程序的有机结合以实现法和平性，在理论建构上有高于一元的目的论之处，但是，这一观点仍有很多不明确之处。

第一，实体真实能否作为刑事裁判的作用及目的仍然存在疑问。刑事裁判所追求的"真实"最终只能是"部分的真实"或者"推定的真实"，但绝不是"全部的真实"或者"真正的事实"。[1] 这是因为，刑事司法资源极其稀缺，人类的认知能力也非常有限，因此刑事裁判所追求的真实只能是部分的真实，而且只能是在可能的范围内所进行的盖然性判断而已。

---

[1]　参见［日］田口守一著：《刑事诉讼的目的》，张凌、于秀峰译，中国政法大学出版社2011 年版，第 31 页。

这样追求实体真实就不可能成为刑事裁判的目的了，因为刑事裁判的最终目的不是追求真实，而是体现在刑事裁判中的刑法后果。刑事裁判所追求的实体真实，最终不过是为了刑事裁判自身服务而已。因此，实体真实虽可作为刑事裁判的中间目的，但并不可能成为刑事裁判的终极意义上的目的。❶

第二，法治程序虽然在强调预防国家专门机关在刑事诉讼中滥用权力，保障诉讼参与人，尤其是犯罪嫌疑人和被告人的合法权益上具有重要意义，但并不能说明刑事裁判的本质。有学者对此批评道，刑事诉讼有时不得不侵犯个人的权利，法治程序力求将这种侵犯限制在最小的范围内，但是把这种限制看作为刑事裁判以及作为其过程的刑事诉讼的目的则未免矫枉过正。这就好比不能把足球比赛的规则等同于足球比赛的本质，将整场比赛的目的看作防止不公平竞赛和犯规行为一样。❷ 法治程序充其量只能被视为确保刑事裁判的作用与目的得以实现的工具性保障。

第三，法和平性的含义存在疑义。有学者主张，所谓法和平性，就是刑法所保护的法益受到侵害或有受侵害之嫌时，社会使被侵害的法益得到恢复的状态。❸ 因此，法和平性应该从解决因侵害法益而发生的法律争议这一方面来理解。如果把这一主张贯彻到底，那么通过刑事诉讼做出刑事裁判，解决被害人与犯罪人之间的刑事争议问题才是刑事裁判的核心问题。问题在于，如果将被害人与犯罪人之间的刑事争议问题作为刑事裁判的目的，那么刑事裁判就应当让位于纠纷解决，刑事程序就应当以当事人

---

❶ Vgl. Thomas Weigend, *Deliktsopfer und Strafverfahren*, Duncker & Humblot GmbH, 1989, S. 182ff.

❷ 参见［日］田口守一著：《刑事诉讼的目的》，张凌、于秀峰译，中国政法大学出版社2011年版，第33页。

❸ 参见［日］田口守一著：《刑事诉讼的目的》，张凌、于秀峰译，中国政法大学出版社2011年版，第34页。

之间的和解协议而非刑事裁判结束。❶ 问题在于，只有在自诉案件中，才存在类似情况。况且，这一主张将刑事诉讼看作被害人与犯罪人之间的问题，也与国家追诉主义相悖。在无被害人或自我伤害的案件中，即使没有被害人或被害人就是犯罪人自己，刑事诉讼也会进行，刑事裁判也会作出，法和平性也会实现。

由此可见，多元目的论自身也存在很多问题，因此不能得到本书的赞同。

前述的一元目的论与多元目的论的观点，偏重于从抽象的价值原则出发去建构刑事裁判在现代社会中的作用与目的，忽视了刑事裁判本身乃是社会构建的产物，属于"社会中的法"，其本身也在发挥一定的社会功能。因此，对刑事法学这样一门社会科学而言，仅有价值哲学的思考是远远不够的。人类历史演变发展的过程告诉我们，刑事法律是随着家庭、私有制和国家产生而诞生的，❷ 它其实是一种游走在个人私权与社会公益之间的"社会法"，其根本目的在于维护社会秩序，确保人类交往行为的顺利进行。这样对刑事法学的理解，甚至包括价值哲学上的理解，就不能脱离一定的社会语境，这也是刑事法学这门社会科学的题中应有之义。因此，本书主张，要从刑事裁判本身的社会功能出发去研究刑事裁判在现代社会中的作用与目的。在这方面，德国社会学家尼克拉斯·卢曼的观点为我们提供了很好的启示。

卢曼的社会学系统理论认为，全社会的结构形式是社会演化的产物，作为一个整体系统的全社会在不断分化出它的子系统。全社会的分化经历了三个演化阶段：（1）片段式分化，即全社会系统分化为类似的或相同的

---

❶ Vgl. Thomas Weigend, *Deliktsopfer und Strafverfahren*, Duncker & Humblot GmbH, 1989, S. 182ff.

❷ 恩格斯对此的经典研究，参见"家庭、私有制和国家的起源"，载《马克思恩格斯全集》第 21 卷，人民出版社 1965 年版，第 27 页以下。

子系统，比如家庭、部落和村庄等。（2）层级式分化，即全社会系统分化为不同类的，阶层式的子系统，并将各色人等归属到不同的层级中去。（3）功能性分化，也是现代社会的分化形式，即全社会分化为具有不同功能的子系统，这些子系统均负担有效地化约社会复杂性，确保社会沟通有序进行的功能。❶

全社会的诸多子系统中的法律子系统持续性地对其他社会系统的运作及其事件进行评判。法律子系统内部包括所有与法律有关的沟通，其余与法律无关的沟通形成了法律子系统的环境。法律子系统，如同其他子系统一样，是一个在运作上封闭，在认知上开放的系统，它具有自创生性，自我指涉性，利用法—不法这组二元符码，采取条件式的纲要进行运作，其功能就是维持社会的规范性的行为期待（Die normativen Verhaltenserwartungen），指即使在没有实现或落空时也会得到社会肯定的行为期待。如此，人们就能知道社会提出并维持了哪些期待，并可以根据这一期待预测他人的举动，调整自己的行动，避免"双重偶连性"问题，以确保社会沟通的有序进行。❷

将卢曼的功能论观点引进到刑事法学中，我们就可以很容易地发现刑事裁判的社会功能：犯罪人的行为破坏了社会肯定的规范性的行为期待，使参与社会交往的个体无法确定社会提出并维持了哪些期待，并无法根据期待预测他人的举动，调整自己的行动；刑事追诉与审判的进行让被追诉和审判的个体的社会地位以及权利义务处于不确定的状态，无法参与正常的社会交往，其他个体无法预测被追诉和审判的他人的举动并据此调整自己的行动，因此使社会共同体之间产生了不信任。以上两者的共同结果，就是使社会的规范性期待落空，社会沟通无法有序进行，最终破坏社会秩

---

❶ 参见 Georg Kneer, Armin Nassehi 著：《卢曼社会系统理论导引》，鲁贵显译，巨流图书公司 1998 年版，第 158 页以下。

❷ 参见 ［德］鲁曼著：《社会中的法》，李君韬译，台湾五南图书出版有限公司 2009 年版。

序、妨害人类交往行为的顺利进行。因此，刑事裁判在现代社会中的终极作用与目的，就在于恢复社会的和平性，包括：

（1）清除犯罪行为对社会共同体所造成的不安、混乱以及不稳定的结果，恢复到以前的法律状态，恢复社会公众对法秩序的信赖。

（2）清除犯罪嫌疑人、被告人的嫌疑状态，解除这一不确定的状态对社会共同体及其成员之间关系所造成的混乱。❶

因此，刑事裁判在现代社会中的终极作用与目的，就是恢复社会的和平性，或者更精确地说，是恢复社会的法秩序的和平性。这同样属于一种法和平性，❷ 不过，与前述的偏重犯罪人与被害人之间争议问题解决这一侧面的法和平性相比较，更为注重社会这一侧面而已。

（二）对刑事裁判的确定性的挑战

刑事裁判在现代社会中的终极作用与目的即恢复社会的法秩序的和平性的实现，需要一个前提条件，那就是刑事裁判必须具有确定性并受到法律的约束，相同的案件必须做相同的处理，不同的案件做不同的处理，以确保国民能够准确地预测自己行为在刑法上的性质，满足其对于刑法规范的正当期盼。

要实现刑事裁判的确定性，首先需要刑法条文与规范具有确定性，这一点并无问题。问题在于，在刑法规范的语言表述中恰恰存在着许多的不确定性。即是指某个刑法问题或者一个如何将刑法规范适用于事实的问题没有任何唯一正确的解答。❸

---

❶ Vgl. Thomas Weigend, *Deliktsopfer und Strafverfahren*, Duncker & Humblot GmbH, 1989, S. 212ff.

❷ 参见［日］田口守一著：《刑事诉讼的目的》，张凌、于秀峰译，中国政法大学出版社2011年版，第35页。

❸ See Brian Bix, *Law, Language, and Legal Determinacy*, Clarendon Paperbacks, 1996, p. 1.

在刑法中存在着多种不确定性，其理由与范围各不相同，鉴于本书的主题与篇幅，有必要先对本书所指的不确定性做一番厘清。

（1）需要区分特殊的不确定性（special indeterminism）与一般的不确定性（general indeterminism）。特殊的不确定性着眼于刑法的特殊性质，着重强调刑法自身的不一致性与漏洞；而一般的不确定性则源自意义与语义学怀疑论的不确定性，着重强调刑法规范的语言表述的模糊性与不确定性。❶ 本书所指的是后一种不确定性。

（2）需要区分因果的不确定性（causal indeterminism）与论证的不确定性（indeterminism of justification）。因果的不确定性探究原因与刑事裁判之间的不确定性，否认参照原因来解释刑法的可能性；论证的不确定性则分析刑事裁判的理性，否认通过理性来为刑事裁判提供正当化证明的可能性。❷ 本书仅涉及语义学的论证在刑事裁判的证立中的意义与作用，因此仅指论证的不确定性。

（3）需要区分融贯的不确定性（indeterminism of compliance）与内容的不确定性（indeterminism of content）。融贯的不确定性产生于刑法规范为一种以上的可能的融贯性解释方法留出了空间之时；内容的不确定性则指刑法规范内容的模糊性。❸ 本书所指的不确定性包含上述两者。

这些不确定性的来源非常复杂。首先，刑法法规的构成要件，是由立法者将那些侵害法益的形态、程度重大，对于维持社会秩序来说不能置之不理的行为，即当罚行为，根据社会通常观念，在刑法上进行抽象化、类

---

❶ See Matthias Klatt, *Making the Law Explicit: The Normativity of Legal Argumentation*, Hart Publishing, 2008, p.20.

❷ See Matthias Klatt, *Making the Law Explicit: The Normativity of Legal Argumentation*, Hart Publishing, 2008, p.20.

❸ See Matthias Klatt, *Making the Law Explicit: The Normativity of Legal Argumentation*, Hart Publishing, 2008, p.20.

型化而形成的。❶ 这种普遍化的做法使刑法的规定只就犯罪与刑罚的一般性特性加以描述，即只将犯罪行为在社会现实生活中所表现出来的共同的特性抽象出来加以规定，而不可能面面俱到，将每一种具体犯罪的表现形态在刑法条文与规范中一览无余地一一形诸文字；其次，由于人类生活与法律制度的复杂性，刑法文本就具有了"开放性的结构"。❷ 也就是说，刑法文本自身始终保持着面向生活事实的开放性，不断涌现的新的生活事实不断扩充着刑法文本自身的内涵和视域。借此而言，刑法的未完成性不是什么缺陷，而是先天的和必然的。刑法条文与规范能够被允许做不甚明确的表达，因为刑法是为刑事案件而创立的，案件的多样性是无限的。但人类理性的有限性无法完全洞见这一问题的全部情况，"它们藏身于无尽多变的生活海洋中，何曾有一次被全部冲上沙滩？""很明显，立法者难以预见到社会生活中涌现的大量错综复杂的、各种各样的情况……因此从法律的定义本身来看，它是难以满足一个处在永久运动中的社会的所有新的需要的。"❸ 最后，世界上的客观现象是纷繁复杂的，而人类发明创造的语言虽然为人类认知和表述这个世界提供了必要的工具，但其并不能使人类尽善尽美地描述一切客观现象。正如海德格尔所说的："世界的存在是不可表达的，语言永远也不能表达世界的本来面目。"法律也是如此。人类语言本身的表达能力的有限性决定了所有的法律条文（当然也包括刑法条文）必然具有模糊性与不确定性的问题。

综合上述观点，可以发现，不确定性的根基其实就在于语言本身。某些语言哲学家根据这一情形发展出了系统的语言哲学中的怀疑主义。许多法律学者则借助这种语言哲学中的怀疑主义，对刑事裁判的确定性提出了

---

❶　参见［日］大谷实著：《刑法讲义各论》，黎宏译，中国人民大学出版社 2008 年版，绪论第 3 页。

❷　See H. L. A. Hart, *The Concept of Law*, Clarendon Press London, 1994, p. 124.

❸　［德］拉德布鲁赫著：《法学导论》，米健译，中国大百科全书出版社 1997 年版，第 106 页。

诸多批评与质疑。❶ 这些批评与质疑可以分成以下两个部分。

1. 高阶模糊性

高阶模糊性是对刑事裁判的确定性的主要挑战。法律学者们借助"二阶模糊性"（second-order vagueness）来描述明晰情形与边缘情形显然不存在界限的情况，用"高阶模糊性"来描述在二阶甚至更高层阶上显然不存在界限的情形。如果把这一主张贯彻到底，就意味着刑法条文与规范的含义本身不存在任何界限。这样一来，刑事裁判就不可能存在任何具有确定性的结论，其结论的可能性是无限的。

2. 刑法解释的无意义性

既然刑法条文与规范存在所谓的"高阶模糊性"，其意义的界限根本不能确定，那就可以自然而然地得出结论，刑法解释，乃至刑法解释学，在刑事裁判中扮演的角色与重要性就微不足道了。有法律学者甚至从根本上质疑法律的解释，主张适用法律从根本上来说并不是一项解释性的工作，无须任何解释性的创造性活动也能理解法律的要求何在。❷

这样的批评与质疑导致了令人不安的结果：法律存在不确定性，我们不可能指望经由法律实现良法而治。从中可以推论出，对案件的刑事裁判将不受刑法的约束，刑事法官在原则上不可能做到相同案件相同处理，国民能够准确地预测自己行为如何受刑法上的评价这一目标至少在某种程度上是可望不可即的。如果不能从刑法中消除模糊性，刑事裁判在现代社会中的作用与目的是根本不可能实现的。

---

❶ See Matthias Klatt, *Making the Law Explicit*: *The Normativity of Legal Argumentation*, Hart Publishing, 2008, pp. 21ff.

❷ See Timothy Endicott, *Vagueness in Law*, Oxford, 2000, pp. 159, 167.

二、刑法解释学的市体论与刑事裁判

(一) 刑法解释学的本体论的定义

法律是人类用来构造社会生活秩序的一种手段。它既包含人类所认识到的事物本身所包含的法的规定性即"事物的本质"，也体现着人类主体对秩序的需要。就此而言，法律，并不像许多人（如亚里士多德）所认为的那样，只是某种"没有感情的智慧"或"不受任何感情因素影响的理性"。在看上去似乎无情的规则背后，法律既装载着事物之理——事物本身所包含的法的规定性即"事物的本质"，又体现着人性之情——人类主体对秩序的需要。因此，法律的运作，既要能维护"事物的本质"，保证事理逻辑结构的秩序，又要能满足人类社会生活对秩序的需要。法律的意义世界由此而生。由此看来，一切法学方面的研究，都必须既要努力发现事物本身所包含的法的规定性即"事物的本质"，也要探寻人类主体对秩序的需要，并以此为基础去构建法律的意义世界。其理由就在于：如果我们的主观认知不去深入法律的意义世界，那么，法律如何去维护"事物的本质"，保证事理逻辑结构的秩序呢？又如何去满足人类社会生活对秩序的需要呢？对人类而言，法律的意义世界往往是自在自为的，在一定条件下是不依赖于人类主体本身的，因此，对法律的意义世界的探索往往并不一定能得其要领。但其理性与认知能力并不满足这种尴尬的状态，于是，通过解释来建立一套解释法律的思维体系以期借此发现法律的真实含义，就是顺理成章之事了。❶ 这一思维体系在刑法学中的表现，就是刑法解释学。

---

❶ 参见谢晖：《法律的意义追问——诠释学视野中的法哲学》，商务印书馆 2004 年版，第 35 页。

如前所述，刑法解释学分为方法论与本体论两大部分。刑法解释学的方法论，试图建立一套自认为科学的解释方法以阐释和理解刑法的种种现象。其本质在于，基于严肃的科学取向性，在刑法的解释领域内建立起严格的解释方法、解释规则与解释纪律，以期正确地发现刑法文本与规范的真实含义，确立起科学性的刑法理论与刑法解释的方法论。其根本目的，就是企图借助一定的方法论规则，通过解释来实现对刑法的科学性与真理性的认知。

刑法解释学的本体论则探究，对刑法文本的理解得以可能的基本条件及程序，从而阐明刑法文本与生活世界之间的基本关系。因此，其确定了自己不是一种方法论，而是一种本体论；刑法解释学的本体论仅仅主张，在哪些前提下，刑法解释者能按照自己的意义去理解刑法文本与规范。刑法解释学的本体论认为，对刑法条文及其规范的理解与解释并不是像刑法解释学的方法论所认为的那样纯粹是一种寻找，发现刑法条文与规范中所隐藏的客观、真实的含义的过程，而是一种重新构建刑法条文与规范的含义的过程，是一种受解释者自身的诠释学情境影响的、对刑法条文与规范进行再创造的过程。❶ 借此，刑法解释学从方法论视野跨越到了本体论视野，解释者不再局限于对某种解释方法的使用，不再拘泥于解释的方法与程序，而是将重点置于使对刑法文本与规范的理解与解释得以可能的基本条件与影响理解的各种因素上去，促使解释者去关注使理解得以可能的丰富多彩的生活世界。❷ 这样，刑法解释学的本体论就实现了刑法文本与规范与生活世界之间的良性互动。刑法文本与规范不再是僵死的、冷冰冰的法言法语，而是不断从丰富多彩的生活世界中获取生命力的，人类对事物本身所包含的法的规定性即"事物的本质"与人类社会生活对秩序的需要

❶ 参见林维：《刑法解释的权力分析》，中国人民公安大学出版社 2006 年版，第 143 页。

❷ 参见谢晖：《法律的意义追问——诠释学视野中的法哲学》，商务印书馆 2004 年版，第143 页。

的活生生的表述。

从上文分析可见，刑法解释学的本体论在层次上高于刑法解释学的方法论。一方面，刑法解释学的方法论关注的是解释方法在对刑法条文与规范的具体含义进行解释时的相应运用，因此在刑法学中扮演着重要的角色。但是，刑法解释学的方法论在刑法学中，特别是在刑法解释学中所起的作用是有限的、非终局性的，刑法解释结论的得出在根本上是并不依赖于刑法解释学的方法论的。换句话说，刑法解释学的方法论是"中立"的，即在对刑法文本与规范的解释过程中，刑法的解释方法由于本身缺乏一个预先给定的判断标准，因此并不具备能主动判断与选择刑法解释方法的功能；其也无法对可能出现的多种不同的解释结论做出何者最为合理的判断，进而做出最佳选择。从本体论的角度来观察，与其说解释者通过某种刑法解释方法得出了一定的结论，倒不如说解释者对所需要的解释的刑法条文与规范已经有了某种程度的预先把握与预先理解，然后再根据这种预先把握与预先理解去选择某种特定的刑法解释方法来论证解释者所得出的刑法解释结论的正当性。由此来看，刑法解释学的方法论只能对解释者为什么得出这一解释结论进行表面上的说明，其并不能说明解释者之所以选择这一解释结论的根本依据，也不能对解释结论进行任何实质性的论证。要对解释结论提供实质性的论证的话，则必须有更为深邃与全面的理解模式。❶ 这种模式就是刑法解释学的本体论，其不是一种有关刑法解释的方法与技巧的大杂烩，而是试图基于刑法解释本身的先验条件来考察刑法解释学问题。

另一方面，在面对刑法条文与规范进行解释的过程中所遇见的不确定性问题时，刑法解释学的方法论虽说可以求助于一定的论理规则与论证原则，在一定条件下或在某种程度上降低这种不确定性，但是在根本上无助

---

❶ 参见［美］理查德·E. 帕尔默著：《诠释学》，潘德荣译，商务印书馆 2012 年版，第 19 页。

于不确定性问题的澄清。如前所述，刑法解释学的方法论往往面临着自我澄清的窘境。刑法解释学的本体论则将用于澄清不确定性问题的诸多原则追溯到刑事法官碰巧身处其中的法以及生活世界中既有形式的效果历史中去。一言以蔽之，刑法解释学的本体论超越了方法论，能够对澄清不确定性问题的诸原则提供正当性的证明。❶

（二）刑法解释学的本体论作为实现刑事裁判的作用与目的的手段

如前所述，刑事裁判在现代社会中的终极作用与目的，就是恢复社会的和平性，即社会的法秩序的和平性。这一作用与目的在刑法的有效性中体现为两个向度：一方面，现行刑法必须确保以国家的刑事制裁为后盾的规范性期待的落实；另一方面，需要确保刑法本身的确定性。这两个向度均是依靠刑事裁判来体现的。

从刑法解释学的观点来看，理解即解释，对刑法条文与规范的每一次适用都需要一种刑法的解释。这样看来，刑事裁判即是解释：刑事裁判是刑事法官达致理解和表达权威的刑法条文与规范的含义以及其所蕴含的价值判断的过程。刑事裁判在现代社会中的终极作用与目的的两个向度，最终还是要依靠解释。由此可见，刑事裁判在现代社会中的终极作用与目的，最终还是依靠刑法解释学来加以实现的。

值得注意的是，在这个实现过程中，刑法解释学的本体论与方法论各有其所扮演的角色，其逻辑顺序则是本体论先于方法论。在刑法解释学的本体论层次上，解释者并不是盲目地选择解释方法，而是先验地对解释结论有了某种逻辑在先的理解与把握，然后再在刑法解释学的方法论层次上，根据这种先行的理解与把握，对根据诸多解释方法所得出的各种结论

❶ 参见［德］哈贝马斯著：《在事实与规范之间——关于法律和民主法治国的商谈理论》，童世骏译，生活·读书·新知三联书店 2003 年版，第 247 页。

进行选择，通过说明解释方法的选择过程，来论证解释结论的正当性与合法性。因此，解释结论既是前提又是结果。刑法解释学的方法论无助于我们找到正确的解释结论，它只能是在已经存在一定解释结论的场合，为这一结论的正当性提供合法性的证明而已。真正决定解释结论的，只能是刑法解释学的本体论。就此而言，刑事裁判在现代社会中的终极作用与目的的实现，其实最终依靠的还是刑法解释学的本体论。

三、刑法解释学的本体论与诠释学

(一) 诠释学的含义

诠释学（Hermeneutik）一词来源于古希腊文έρμηνεύειν，而έρμηνεύειν与希腊神话中众神的使者赫尔墨斯（Ἑρμῆς）有关。赫尔墨斯的职务就是通过他的解释向凡人传递神的旨意，因此έρμηνεύειν一词就有了述说、阐明、解释与翻译的含义。但是，就诠释学最早期的含义而言，柏拉图的《伊庇诺米篇》里的诠释学尚属于占卜术一样的巫术，其本身是用来阐明神的旨意；亚里士多德的《解释篇》则主要是逻辑语法研究，即研讨直陈式语句的逻辑结构，并且排斥所有那些不"真实"的语句。因此，诠释学作为一门技术，自柏拉图以来一直到希腊化时代的前期，并不隶属于有关思想表达的学问范畴，而只是属于那种指明君王或宣喻官是怎样做出理解的知识。这与着重理解和解释的诠释学概念是有一定距离的。到希腊化时代的后期，才根据έρμηνεύειν发展出了έρμηνεία一词，用于指代"有学识的解释"，并用έρμηνεύς一词来指代"解释者"。❶

今天所谈到的诠释学属于近代科学传统的产物，"诠释学"这一术语

---

❶　参见［德］伽达默尔著："解释学"，洪汉鼎译，载《哲学译丛》1986 年第 3 期。

的使用是随着现代方法论概念和科学概念的产生而开始的。《诠释学》作为书名第一次出现是在 1654 年，作者是 J. 汤恩豪塞尔（Dannhauser）。自那以后，人们为了调和《圣经·旧约》中犹太民族的特殊历史与《圣经·新约》中耶稣的泛世说教之间的紧张关系而需要对《圣经》做出统一解释时，就发展了神学诠释学，即用于正确理解和解释《圣经》的技术学；而后人们又将其用于对法律或法典的理解和解释，借此产生了相应的法学诠释学。在文艺复兴时期，诠释学又被用到对古典作品的研究与阐释之中。❶以上诠释学理论，在西方往往统称为古典诠释学。

诠释学作为一门关于理解与解释的系统理论，是由 19 世纪德国哲学家施莱尔马赫与狄尔泰完成的。施莱尔马赫根据以往的语文学、神学与法学诠释学的研究经验，创造性地将理解建立在对话和人之间的一般相互了解的基础上，将诠释学理解为一种理解言说和书写的语言的艺术。具体而言，理解是按照可以被发现的规律运行的，阐明某些使理解得以发生的原则或法则，就可以探寻理解据以运作的一套规律，其能够指导从文本中推断出意义的过程。借此，施莱尔马赫将不同学科的诠释学统一整合成了一门普遍性的，用于正确理解与避免误解的一般性的诠释学理论。❷

而狄尔泰则将诠释学引入了精神科学（Geisteswissenschaften）领域，企图借助诠释学为历史行为、法律编纂、艺术作品与文学的表达这样的精神科学奠定基础。狄尔泰试图回答这样一个问题：何种知识与何种理解最为适合诠释人类现象，作为一切人类研究之基础的理解行为的本质又是什么。狄尔泰认为，精神科学而非自然科学才是最为适当的阐释人类现象的模式，这一模式必须建立在"意义"的范畴而非"生理机能"的范畴上，

---

❶ See Lawrence K. Schmidt, *Understanding Hermeneutics*, Acumen Publishing Limited, 2006, p. 6.

❷ See Lawrence K. Schmidt, *Understanding Hermeneutics*, Acumen Publishing Limited, 2006, pp. 10ff.

应以历史而非数学为奠基；因此，自然科学的方法论过于狭隘，无法为精神科学奠定基础，精神科学的关键词应该是"理解"，精神科学应当努力阐述一种理解的方法论，超越科学的还原论的客观性，返回到丰富的"生命"与人类历史经验。因此，诠释学应当成为整个精神科学区别于自然科学的方法论。❶

无论是施莱尔马赫还是狄尔泰，他们的诠释学理论均没有超越方法论与认识论的层次。诠释学的本体论转型发生于德国哲学家海德格尔。在其巨著《存在与时间》中，海德格尔通过对"此在"（Dasein）的时间性分析，把理解作为此在的存在方式来进行把握。在海德格尔看来，理解是作为此在的人类在其所生存的生活世界的语境关联中把握其自身的存在可能性的力量，理解不能被认为是对某种东西的占有，而是存在中的结构，是此在在世存在（in-der-Welt-sein）的一种模式或生存结构。❷ 因此，理解是本体论意义上的基础的东西，先于任何存在的行为。诠释学事实上就是一种理解与诠释的本体论，其任务就是，通过对理解的诠释，阐明此在的这种生存结构。因此，海德格尔是在一种更为基础的本体论的语境中使用诠释学一词的，从而使诠释学从精神科学的方法论转变为一种本体论。

德国哲学家伽达默尔秉承海德格尔的本体论转型，将诠释学进一步发展成为哲学诠释学（die philosophiche Hermeneutik）。在其看来，诠释学绝不是一种方法论，而是人类的经验世界的构成。伽达默尔在其所著的《真理与方法》的序言中公开宣布了其对哲学诠释学的理解："我们一般所探究的不仅是科学及其经验方式的问题——我们所探究的是人的世界经验和生活实践的问题。借用康德的话来说，我们是在探究：理解怎样得以可

---

❶ See Lawrence K. Schmidt, *Understanding Hermeneutics*, Acumen Publishing Limited, 2006, pp. 29ff.

❷ 参见 ［德］马丁·海德格尔著：《存在与时间》，陈嘉映、王庆节合译，熊伟校，陈嘉映修订，生活·读书·新知三联书店 2006 年版，第 173 页以下。

能？这是一个先于主体性的一切理解行为的问题，也是一个先于理解科学的方法论及其规范和规则的问题。"❶ 正如康德并不企图规定现代自然科学本身必须怎么做才能经受人类理性的审判，而是追问使自然科学得以可能的认识条件是什么、其界限又是什么，同样，哲学诠释学也不是像古典的诠释学那样仅作为一门关于理解的技艺学，以便发明一套解释方法的规则体系来描述进而指导精神科学。哲学诠释学乃是探究人类一切理解活动得以可能的基本条件，试图通过研究和分析一切理解现象的基本条件找出人的世界经验，在人类有限的历史性的存在方式中发现人类与世界的根本关系。显然，这里哲学诠释学已成为一门诠释学哲学。本书所提到的诠释学，若无特别提示，就是指伽达默尔的这种哲学诠释学。

（二）刑法解释学与诠释学的关系

从哲学诠释学的角度观察，刑法解释学乃是一种特殊的诠释学，其目的在于刑法的应用，也就是使刑法具体化于每一种特殊情况。❷ 如前所述，刑法解释学分为本体论与方法论两部分。刑法解释学的本体论的重点并不在于某种刑法解释方法的具体运用，也不直接关注刑法解释的程序与规则，而是关注使刑法条文与规范的理解得以可能的基本条件与影响因素，在刑法有限的历史性视域中发现人类与生活世界的根本关系。由此可见，刑法解释学的本体论与哲学诠释学是一致的，刑法解释学的本体论可以看作哲学诠释学在刑法解释学领域中的具体运用，是一种特殊的哲学诠释

---

❶ 参见［德］汉斯-格奥尔格·伽达默尔著：《诠释学——真理与方法（Ⅱ）》，洪汉鼎译，商务印书馆 2007 年版，第 533 页。

❷ 参见［德］汉斯-格奥尔格·伽达默尔著：《诠释学——真理与方法（Ⅰ）》，洪汉鼎译，商务印书馆 2007 年版，第 448 页。

学。按照伽达默尔的说法，刑法解释学在哲学诠释学中，甚至具有典范的意义。❶

至于刑法解释学的方法论，由于其探讨的是建立一套描述或指导如何理解刑法文本含义的方法的规则体系，因此并不属于哲学诠释学的范围。根据上文对诠释学历史的考察，其似乎更多地属于施莱尔马赫与狄尔泰所提倡的诠释学的一般性方法论的范畴。由此可见，刑法解释学的本体论与哲学诠释学，刑法解释学的方法论与作为一般性的方法论的诠释学之间是存在对应关系的。哲学诠释学与作为一般性的方法论的诠释学之间的差别，有助于我们更好地理解刑法解释学的本体论与方法论之间的重大区别。

四、刑法解释学的结构

（一）刑法解释学的本体论结构——诠释学循环

通过刑法解释学本体论而达致对刑法文本的正确理解，需要一定的理解的结构理论。从诠释学循环（der hermeneutische Zirkel）的角度来说，刑法解释学本体论具有三种诠释学循环结构。❷

第一种类型的诠释学循环涉及前理解与刑法文本之间的关系。解释者首先提出自己的前理解即意义期待，在这个基础上去认识刑法文本；在认识刑法文本的过程中不断修正自己的前理解，再在新前理解的基础上去认识刑法文本。在前理解与刑法文本之间的循环交互中，刑法文本的真正意

---

❶ 参见［德］汉斯-格奥尔格·伽达默尔著：《诠释学——真理与方法（Ⅰ）》，洪汉鼎译，商务印书馆 2007 年版，第 441 页以下。

❷ 参见［德］罗伯特·阿列克西著：《法理性商谈——法哲学研究》，朱光、雷磊译，中国法制出版社 2011 年版，第 67 页以下。

义得以浮现。没有前理解，就不可能感觉到刑法文本的问题，而前理解必须在刑法文本的基础上接受检验。前理解与刑法文本之间的诠释学循环不仅使理解成为可能，还使对前理解自身的批判得以可能。正如考夫曼教授所说的那样："相对于裁判的字义，法官在案件中有着先前判断与先前理解。法官有这些判断或理解，并不必对其责难，因为所有的理解都是从一个先前理解开始，只是我们必须把它——这是法官们所未作的——开放、反思、带进论证中，而且随时准备作修正。"❶ 从这种意义上来说，此种诠释学循环意味着理解过程中反思的结构。

例如，组织同性之间的性交易是否构成刑法典第 358 条第 1 款中的组织卖淫罪?❷ 按照哲学诠释学的观点，解释者在解释法典第 358 条第 1 款中的内容时，首先对该款的内容存在一定的意义期待——同性之间的性交易属于或者不属于"卖淫"，根据此期待，刑法文本开始向着解释者展现其自身。若无此前理解，就根本不可能做到从刑法文本中获取问题视域。让我们假设解释者抱有同性之间的性交易不属于"卖淫"这样的意义期待进入刑法文本之中，当他发现组织同性之间的性交易确实破坏了刑法典第358 条第 1 款的保护法益——良好的社会治安管理秩序，而刑法文本中也并没有对卖淫者的性别做出硬性规定时，就开始批评、反思自己的前理解，试着根据刑法文本提出一个新的前理解——同性之间的性交易属于"卖淫"，并在此基础上再度回转到刑法文本之中。这样，刑法典第 358 条第 1 款中的"组织卖淫"的真正含义才能浮现出来。

第二种类型的诠释学循环涉及刑法文本自身整体与部分之间的关系。此种循环是施莱尔马赫首先提出的：在对文本进行解释时，理解者根据文本的部分来理解其整体，又根据文本的整体来理解其部分，这是一个不断

---

❶ 参见 ［德］考夫曼著：《法律哲学》，刘幸义等译，法律出版社 2004 年版，第 77 页。

❷ 有关案例参见最高人民法院刑一庭、刑二庭编：《刑事审判参考》，法律出版社 2004 年第 3 辑，第 137 页以下。

循环的过程。尽管施莱尔马赫和狄尔泰都提出了消除整体与部分之间的诠释学循环的种种方法，主张文本被完全理解时，此种循环就自然被消除了。但海德格尔却认为，在完满的理解中，整个和部分的循环不是被消除，而是相反地得到最真正地实现。[1]

通过一个例子可以清楚地理解海德格尔的观点，刑法典第 358 条中"强奸后迫使卖淫的"中的"强奸"应该如何理解？包括不包括强奸同性的情况？要理解这一规定（部分），我们必须把握刑法典第 358 条的全部意义（整体）；我们甚至要把整个刑法典第 358 条的规定放到整部刑法典中去，联系此法条与彼法条的联系来确定其含义。通过对刑法典第 236 条强奸罪的考察，我们发现该罪的保护法益是妇女（包括幼女）的性的自己决定权，[2] 通过对刑法典第 358 条组织卖淫罪、强迫卖淫罪的考察，我们发现该罪中的卖淫是指以营利为目的，满足不特定对方（不限于异性）的性欲的行为。[3] 那么刑法典第 358 条组织卖淫罪、强迫卖淫罪的保护法益不限于妇女（包括幼女）的性的自己决定权，如果不承认这一点，就等于承认该条只保护妇女（包括幼女）的性的自己决定权，进而得出组织、强迫同性卖淫无罪的不当结论。既然刑法典第 358 条组织卖淫罪、强迫卖淫罪的保护法益是所有人的性的自己决定权，而刑法典第 236 条强奸罪的保护法益是妇女（包括幼女）的性的自己决定权，那么对刑法典第 358 条中"强奸后迫使卖淫的"中"强奸"的理解就不可能照搬刑法典第 236 条强奸罪中的"强奸"的理解，否则就会出现法益保护的漏洞。反过来，对刑法典第 358 条中"强奸后迫使卖淫的"中"强奸"的理解又促使我们更加完满地理解了刑法典第 358 条组织卖淫罪、强迫卖淫罪的含义。

---

[1] 参见 [德] 汉斯-格奥尔格·伽达默尔著：《诠释学——真理与方法（Ⅰ）》，洪汉鼎译，商务印书馆 2007 年版，第 399 页。

[2] 参见张明楷：《刑法学》，法律出版社 2011 年版，第 777 页。

[3] 参见张明楷：《刑法学》，法律出版社 2011 年版，第 1021 页。

刑法文本自身整体与部分的诠释学循环促使我们去反思刑法典本身的融贯性问题。刑法是整个法律体系的一个重要组成部分，它不仅要与其他的法律相协调，其自身的各部分之间也需要协调。当刑法文本本身出现表面上的矛盾，不协调时，必须通过解释去实现不矛盾与协调。刑法典本身的融贯性的核心要求之一就是用语的统一性，也就是同一用语在整部刑法典中必须具有相同的含义，做出相同的解释。但是我们在先前的考察中认识到，用语的统一性，也是相对的。只有在刑法文本自身整体与部分的诠释学循环中，用语本身的含义才能得到澄清。此循环揭示了刑法典本身的融贯性与用语的统一性具有辩证的结构，对刑法文本的完满解释必须通过进入此循环而不是脱身于其外才能实现。

第三种类型的诠释学循环涉及刑法规范与事实之间的关系。卡尔·恩吉施的那句名言"目光在大前提与生活事实间的往返流转"（Hin-und Herwandern des Blicks zwischen Obersatz und Lebenssachverhalt）❶ 就揭示了此种诠释学循环的真正意义。在刑法解释学中，刑法规范与事实之间的诠释学循环促使我们考虑刑法规范的所有特征以及事实的所有特征，我们必须假定，刑法规范与事实之间存在一种张力，必须通过不断地改变对刑法规范的理解来适应不断变化的事实。阿列克西教授就说过："规范是抽象—普遍的。而它们可适用于其上的事实是具体一个别的。规范包含较少的特征，而事实则有潜在的无限的许多特征。一方面，事实借助特征被描述在规范的构成事实之中；另一方面，事实的特征则是这样做的理由：并不去利用那条跃然眼前的规范，而是运用其他的一条规范，精确地表述或摒弃事实构成的某个特征，或者将某个特征添入事实构成之中。"❷

例如，刑法典第 275 条中的"故意毁坏公私财物"中的"毁坏"的含

---

❶ Vgl. Karl Engisch, *Logische Studien zur Gesetzesanwendung*, 3Aufl. Heidelberg, 1963, S. 15.

❷ ［德］罗伯特·阿列克西著：《法理性商谈——法哲学研究》，朱光、雷磊译，中国法制出版社 2011 年版，第 69 页。

义就可能随着生活事实的不同而变动。张明楷教授举例说，甲将他人的电视机从楼上摔至楼下，导致电视机不仅物理上毁损，而且丧失其本来用途时，法官可能将"毁坏"解释为："通过对财物的全部或者一部分进行物质性破坏、毁损，以致全部或者部分不能遵从该财物的本来用途进行使用"；但是，在乙故意将他人价值 1 万元的戒指扔入大海中时，上述"毁坏"的定义会导致乙的行为无罪。于是，当法官认为他人戒指值得刑法保护、乙的行为值得科处刑罚时，可能将"毁坏"解释为："对财物行使有形力，毁损财物或者损害财物的价值、效用的行为"；可是，在丙故意将他人的鱼池的闸门打开，导致他人价值万余元的鱼游入大河时，上述两种"毁坏"定义都将导致丙的行为无罪，当法官认为他人的鱼值得刑法保护，丙的行为值得科处刑罚时，必然重新解释"毁坏"："导致财物的效用减少或者丧失的一切行为"，法官面临的不同的生活事实导致其反复地定义"毁坏"。❶

由此可见，对刑法文本而言，其自身始终保持着面对生活事实的开放性，不断涌现的新的生活事实不断地扩充着刑法文本自身的内涵和视域，刑法文本借此获得了持久的生命力。这就意味着，只有在刑法规范与生活事实彼此交织，互相对应时，刑法文本自身才能真正隽永。任何一种解释如果试图用最终的、权威性的解释取代刑法文本的开放性，都会过早地吞噬刑法的生命。❷

(二) 刑法解释学本体论的视域

维特根斯坦曾经说过："我的语言的界限意味着我的世界的界限。"❸

---

❶ 参见张明楷：《刑法分则的解释原理（上）》，中国人民大学出版社 2011 年版，序言第 8 页以下。

❷ 参见 [英] 韦恩·莫里森著：《法理学》，李桂林等译，武汉大学出版社 2003 年版，第 555 页。

❸ 参见 [奥] 维特根斯坦著：《逻辑哲学论》，郭英译，商务印书馆 1962 年版，第 5、6 节。

世界本身是在语言中表达的。我们只有通过语言才能理解存在。一切认识和陈述的对象乃是由语言的视域所包围。因此，语言是诠释学本体论的基础，它是理解的媒介和目的。❶ 由此看来，刑法解释学中的前理解不仅涉及刑法文本所要处理的事物，还涉及刑法文本所使用的日常语言，对刑法文本的理解不可能超出日常语言的视域（Horizont）。

或许有人会提出这样的批评：法律的专业语言与日常语言并不完全相同。例如，刑法中的"盗窃"与日常生活用语中的"偷""拿""偷窃"；刑法中的"公共财物"与日常生活用语中的"公家的钱""公家的东西""单位的东西"；刑法中的"伤害他人身体"与日常生活用语中的"打伤人"；刑法中的"毒品"与日常生活用语中的"白粉"等。❷ 但是，本书提出的"日常语言"并非是一个仅指涉社会生活中的普通用语的狭隘概念，而是指人类的共同体的一切沟通方式，人类通过它才能形成共同体。❸ 法律的专业语言与社会生活中的普通用语，均为日常语言的构造，它们顶多表达了日常语言的两种面向。生活事实的日常世界与法律的规范世界必须相互拉近，对刑法文本的解释才能成为可能。对此，张明楷教授就举过一个精彩的例子：如果将刑法典第399条中的"有罪的人"这一用语仅从规范意义而不是从日常语言上出发，而将其理解为"经人民法院判决确定有罪的人"，进而得出徇私枉法故意包庇犯罪嫌疑人不受刑事追究者无罪的结论，将会是贻笑大方。❹ 只有在日常语言的视域内，实现法律的专业语言与日常普通用语的互动，才能正确地理解刑法文本的规定。

---

❶ See Lawrence K. Schmidt, *Understanding Hermeneutics*, Acumen Publishing Limited, 2006, p. 132.

❷ 参见张明楷：《刑法分则的解释原理（下）》，中国人民大学出版社2011年版，第810页。

❸ 参见［德］考夫曼著：《法律哲学》，刘幸义等译，法律出版社2004年版，第175页。

❹ 参见张明楷：《刑法分则的解释原理（下）》，中国人民大学出版社2011年版，第810页。

（三）前理解作为刑法解释学本体论的开端

海德格尔在《存在与时间》讨论理解问题的第 31—34 节中，透过现象学还原（Phänomenologische Reduktion）阐发了这样一个核心理念：对意义的理解，以及由此对语言的掌握，是"此在（Dasein）"——就是指人类自身——的最基础、最普遍的一种模式。海德格尔进一步认为，在此在中，"前理解（Vorverständnis）"，提供了对直接语言沟通的最基本的支持和可能性，理解过程开始于前理解，即由"前有（Vorhabe）""前见（Vorsicht）"和"前把握（Vorgriff）"所组成的理解的"前结构（Vorstruktur）"，这是解释得以发生与进行的根本条件，没有它，解释将不可能。❶ 这个理念是哲学诠释学的理论基础。

如前所述，刑法解释学也是一种诠释学，那么对刑法文本的理解就不可能不从前理解开始。任何想理解刑法文本之人，必须首先向该文本提出一种意义期待（诠释学的前理解），这种意义期待首先使文本开口讲话，文本的意义由此浮现。❷ 拉德布鲁赫就说过："解释就是结论——它自己的结论，只有在已经得出结论时，才选定解释手段。"❸ 埃塞也认为，法官在判决案件时首先根据自己的法意识做出一个"先判断（Vorbeurteilung）"，这个先判断引导法官对于法律的解释，法官将其作为判决的依据。❹ 总而言之，解释者总是带着前理解去面对刑法文本，然后进入诠释学循环之

---

❶ See Michael Forster, German Philosophy of Language: From Schlegel to Hegel and Beyond, Oxford, 2011, pp. 307ff.

❷ 参见 [德] 阿图尔·考夫曼著：《类推与事物本质——兼论类型理论》，吴从周译、颜厥安校，学林文化事业有限公司 1999 年版，中文版序言第 5 页。

❸ 参见 [德] 齐佩利乌斯著：《法学方法论》，金振豹译，法律出版社 2010 年版，第 17 页。

❹ Vgl. Josef Esser, Vorverständnis und Methodenwahl in der Rechtsfindung, Athenäum - Verl, 1970, S. 40ff.

中，只有通过前理解才能获得对刑法文本的意义期待。❶

由此可见，前理解不仅是理解刑法文本与规范的逻辑开端，还引导着刑法解释学本体论的诠释学循环。前理解在刑法解释学的本体论中处于核心地位，充当着理论基础的重要角色。下面就让我们考察一下前理解的基本问题。

---

❶ 参见［德］卡尔·拉伦茨著：《法学方法论》，陈爱娥译，商务印书馆2003年版，第88页。

前理解的基本问题

一、诠释学视域下的前理解

(一) 启蒙运动对前理解的非难

前理解（拉丁文为 praeiudicium，意思是在先的判断）在充满对理性的狂热的启蒙运动那里名声不佳。启蒙运动抱持一种完满性的信仰——这种完满性的信仰试图完全摆脱"迷信"与过去的前见（前理解）。康德的名言"敢于运用你的智慧（sapere aude）"就是这种完满性的信仰的最好注脚。启蒙运动借此信仰，企图正确地、即无成见地和合理地理解传承物。前理解在此当然就不受欢迎了。前理解被认为是错误的判断，必须用批判的反思来对待它。这样一来，前理解在启蒙理性面前信誉尽失。❶

从笛卡尔开始，前理解就成为方法论怀疑的标准基点。那些仅仅根据教育、习惯、传统和流传物或科学实际历史水平所做的判断的有效性都受到了彻底的质疑。在康德的《纯粹理性批判》开启了"批判时代"后，一切事物都要被置于理性的法庭面前接受裁判，理性是一切合法性的最终权威。这样整个传统都成了启蒙理性的批判对象，作为传统的某种表现形式

---

❶ 参见［德］乌多·蒂茨著：《伽达默尔》，朱毅译，中国人民大学出版社 2010 年版，第 46 页。

的前理解，自然难逃成为批判的靶子的命运。

甚至在作为启蒙运动之反动的历史主义与浪漫主义那里，前理解也没有获得其应有的地位。历史主义虽然批判启蒙运动，但却共享了其反对前理解的基本前提；浪漫主义的复古倾向则与启蒙运动要求历史精神科学实在性的基本倾向相联系，对一切前理解持根本性的贬斥态度。❶

即便到了作为一般性的方法论的诠释学的时代，前理解依然不受待见。在施莱尔马赫那里，文本的真实含义不是像其表面上那样不言自明，而是必须通过对它所产生的历史情境或生活环境的严格准确的重建；狄尔泰则认为，文本的意义源自作者的主观意图，因此理解的任务就是，从作为历史世界内容的文本出发恢复其所暗示的原本的生活世界，像理解自己一样去理解对象。这样解释者自身所处的当下情境就变成了必须努力摒除的因素。对于他们来说，理解的主体在面对被理解的对象时，自我所裹挟的生活世界和认识情境所形成的前理解对于正确的理解起着消极的阻碍作用，是偏见和误解之源。这一点对于理解者而言是必须超越的。施莱尔马赫与狄尔泰借此表示了对笛卡尔主义和启蒙运动理想的尊敬，正确的理解就是清除了一切偏见（前见，前理解）❷ 的主观性的活动，而这需要通过一种有效的历史方法，以否定作为过去之活生生扩展的他自己的当下情境的方式，成功将自己从历史的直接缠绕和伴随这种缠绕的偏见中解脱出来。❸

（二）哲学诠释学对前理解的正名

只有在哲学诠释学的本体论中，前理解才得到了应有的正名。这一过

---

❶ 参见［德］汉斯－格奥尔格·伽达默尔著：《诠释学——真理与方法（Ⅰ）》，洪汉鼎译，商务印书馆2007年版，第375页。

❷ 请注意偏见 prejudice 与前见、前理解的拉丁文 praeiudicium 的词源学联系。

❸ 参见［德］伽达默尔著：《哲学解释学》，洪汉鼎译，上海译文出版社1994年版，第4页。

程始于海德格尔。海德格尔在其巨著《存在与时间》中，从根本上建议将人自身置于有限性的层面上并深入探讨作为一种积极的本体论的理解性质的前判断结构（Vorurteilsstruktur），以便人类能够认识在其独特的处境中所面临的种种真正的可能性。前理解借此不再成为人类在理解过程中必须摒弃的偏见，而是成为人类理解自身处境的本质要素。在海德格尔看来，理解具有某种"前结构"，其在一切解释中发挥作用。前理解的结构包括三种要素：前有、前见与前把握。按照海德格尔的看法："把某某东西作为某某东西加以解释，这在本质上是通过前有、前见和前把握来进行的。"❶ 前有是指解释者在对某种东西进行理解时，并不是一无所有地去进行理解的，而是基于某种历史处境与传统观念，和已经被理解了的生活世界的语境关联的整体预先就具有了某种关系，解释者把要理解的东西置入这种先有的关系中；前见则是指解释者理解某一事物的先行立场或视角；前把握则是指解释者进行理解时事先所具有的概念框架，这种概念框架是解释者在进行理解之前先要具有的。❷ 理解的这一前结构，总是在解释着，"解释从来不是对先行给定的东西所做的无前提的把握"，❸ 所要解释的对象其实已经在某种模糊的方式里被理解，理解是基于解释者的前结构的先行的前理解，前结构将成为解释者的不言而喻的无可争论的先入之见。对不带先入之见与预设进行解释的期望是不可能的，因为其最终有悖于理解运作的方式。海德格尔也强调指出，绝不能庸俗化地将理解的前结构奠基于流俗的意见或观点之上，理解的前结构一定是奠基于事物的本身

---

❶ 参见［德］马丁·海德格尔著：《存在与时间》，陈嘉映、王庆节合译，熊伟校，陈嘉映修订，生活·读书·新知三联书店 2006 年版，第 176 页，译文有改动。

❷ 参见洪汉鼎：《诠释学——它的历史和当代发展》，人民出版社 2001 年版，第 204 页。

❸ 参见［德］马丁·海德格尔著：《存在与时间》，陈嘉映、王庆节合译，熊伟校，陈嘉映修订，生活·读书·新知三联书店 2006 年版，第 176 页。

（Sachen selbst），即正确的前理解之上的。❶

在伽达默尔的哲学诠释学中，前理解得到了进一步的合法化。在伽达默尔看来，理解的正确性不在于避免理解的前结构，而在于对这一前结构的确认。按照伽达默尔的看法，事物本身只能根据适当的筹划，适当的前理解才能够被真正理解。如果认为任何前理解，仅仅因为是前理解所以就不具备任何合法性与适当性，换句话说，如果认为理解的全部义务就是消除前理解，而不是依据前理解，那么只是因为我们分享了启蒙运动的认为真正的理解就是要摆脱前理解的影响这一前理解而已。为此，伽达默尔从词源学上分析了前理解一词的来历。前理解一词的拉丁文是 praeiudicum，是由介词 prae（在先）与 iudicum（判断）构成的，意即在先的判断。这个词来源于法学，本意就是在终审判断之前的一种预先判断。作为预先进行的判断，既可能有肯定的结果，也可能有否定的结果，因此，前理解具有先在性这一事实，实际上对其是否正确与错误并没有说些什么，也就是说，对其是否符合事实并未说什么。❷ 这样前理解显然不是一种错误的判断。一个前理解可能是正确的，这就使具备这一前理解的解释者直接地达到理解；如果一个前理解是错误的，同样可以使其间接地达到理解。伽达默尔由此得出了一个惊人的结论：从启蒙时代起就被看作真正的理解的障碍的前理解，现在成了历史实在的本身和理解的条件。因此，摒弃前理解，不论是否成功，就等于摒弃理解本身。这种情况就如同历史学家在研究历史时不能摆脱他自己的历史境遇与历史条件一样：如果其摆脱了这些历史要素，就等于摆脱了历史研究本身，因为这些历史要素是其得以接近

❶ 参见 ［德］马丁·海德格尔著：《存在与时间》，陈嘉映、王庆节合译，熊伟校，陈嘉映修订，生活·读书·新知三联书店 2006 年版，第 179 页。

❷ 参见 ［德］汉斯–格奥尔格·伽达默尔著：《诠释学——真理与方法（Ⅰ）》，洪汉鼎译，商务印书馆 2007 年版，第 368 页以下。

历史的手段。❶

二、法律解释学对前理解的继受

　　法律哲学，当然也包括法律解释学，是与相邻学科，特别是哲学的发展密切相关的。哲学中的每一次重大的思想运动，都必然会在法律哲学中得到回应。众所周知，自 20 世纪五六十年代以来，西方哲学开始由认识论转向语言哲学，哲学主题的变化和哲学思维方式的"哥白尼革命"轰然开启。近代哲学的"主体—客体"思维模式让位于意义辨析、语言表达的分析以及言语行为分析。英美分析哲学和欧洲大陆哲学中都明显地表现出向语言学的转向。西方哲学家通常把这一时期西方哲学所发生的这种从认识论研究到语言哲学研究的转变称为"语言学转向"。❷ 至 20 世纪 60 年代，符号学、语言哲学、逻辑哲学的发展，已经流行于社会科学的各个领域，法学自然也不会例外。作为语言哲学翘楚的哲学诠释学，不仅在哲学界掀起了激烈的争论，也引发了法学界的浓厚兴趣，在这方面，开风气之先的是赫尔穆特·科殷教授。另有一部分法学家则试图依靠伽达默尔在《真理与方法》中阐述的哲学诠释学的相关理论来发展出一套全新的法律解释学，以解决法学方法论上的难题。值得注意的是，伽达默尔在其《真理与方法》中，专辟一节讨论法律解释学。❸ 其在处理法律的解释与续造的问

---

　　❶ 参见洪汉鼎：《诠释学——它的历史和当代发展》，人民出版社 2001 年版，第 224 页以下。

　　❷ 一般认为，纵观整个西方哲学史，自古希腊至今，共经历了三个阶段和两大转向：（1）古希腊罗马时期的本体论阶段；（2）近代时期的认识论阶段；（3）现代时期的语言哲学阶段。从第一阶段到第二阶段的转变是从本体论向认识论的转变，被称作"认识论转向"；从第二阶段到第三阶段的转变是从认识论向语言哲学的转变，被称作"语言学转向"。

　　❸ 参见［德］汉斯-格奥尔格·伽达默尔著：《诠释学——真理与方法（Ⅰ）》，洪汉鼎译，商务印书馆 2007 年版，第 441 页以下。

题，探究法律归摄的基本特征时提出了如下问题：法官的前理解、前判断在法律适用过程中究竟扮演了一个什么样的角色？因此，法学界对哲学诠释学的继受，主要是通过回应伽达默尔的这一问题，发展前理解的相关理论进行的。❶ 在这方面，做得最为出色的就是卡尔·拉伦茨与约瑟夫·埃塞两位教授。

（一）赫尔穆特·科殷对哲学诠释学的接受

赫尔穆特·科殷教授开风气之先，是将哲学诠释学引入法律解释学的头一人。其扩展了旧有的法律解释学的概念，将之转向精神科学的方法论的方向。❷ 在科殷教授看来，解释者必须将其应该判决的、具体的个案与作为实在法的构成的诸多抽象规则联系起来。❸ 案件与规则借此成了其思维的两大界限。其法学思维方式必须是从案件到规则，再从规则到案件，对二者进行比较、分析与权衡的诠释学循环过程。案件事实是通过那些有待运用的、可能决定着判决的规则进行分析的，而规则又是通过特定的案件事实来进行解释的。借此而言，法学的思维就是判断，法律的工作就是根据解释来行使判断力的过程。❹

为了能够建立个案与规则之间的联系，解释者当然必须对规则有准确的把握。解释者必须理解规则——为了能够正确适用规则，其必须知道它们的确切含义。因此，在法学思维中，法律解释具有重要的地位；法学属于解释性的科学。❺

---

❶ Vgl. Monika Frommel, *Die Rezeption der Hermeneutik bei Karl Larenz und Josef Esser*, R. Gremer, 1981, S. 1.

❷ Vgl. Coing, *Die juristisdie Auslegungsmethode und die Lehren der allgemeinen Hermeneutik*, 1959.

❸ 这种观点明显与伽达默尔所阐述的诠释学与法律解释学的关系的观点相同。

❹ 参见［德］H. 科殷著：《法哲学》，林荣远译，华夏出版社 2002 年版，第 197 页。

❺ 参见［德］H. 科殷著：《法哲学》，林荣远译，华夏出版社 2002 年版，第 197 页。

值得一提的是，科殷教授并没有完全追随伽达默尔的观点，其哲学诠释学渊源更多的还是来自施莱尔马赫与贝蒂，其对法律解释学的见解也主要停留在方法论的层面。在其看来，法律解释学的任务主要有 3 个：对现存的法律规范进行解释、应用和续造。法律解释学的目的就是理解法律文本，把握其精神含义。为此，诠释学发展了某些特定的方法，用施莱尔马赫的话来说，即解释的规则。这四条规则分别是：被解释的作品的自治的观点、统一的观点、发生学的解释的观点、事实含义的观点。科殷教授像贝蒂一样，强调理解的客观性与法律解释的客观性，甚至致力于追求价值判断的客观性。❶ 其认为，借助这些解释规则，法律解释学至少在理论上可以得出具备客观性的确定结论。

需要注意的是，科殷教授注意到了主观的解释要素的不可避免性。法律条文的解释最终需要诉诸价值判断，而精神科学的客观性与评价性的思考之间是存在张力的，为了消除这种张力，就必须发展出一种客观的价值理论。而这种客观的评价法学的难点就在于，法官往往以个人的价值判断去取代法律的价值判断，而且这种个人的价值判断是很难去除的。❷ 如果我们考虑到前理解也是一种个人的价值判断的话，那就意味着科殷已经承认，法律解释过程不能脱离前理解这一要素，这就为以后的学者继续这一方面的研究奠定了基础。

（二）卡尔·拉伦茨对前理解的接受

法律解释学从诠释学的方法论转向本体论，首先要归功于卡尔·拉伦茨教授。在其名著《法学方法论》的第 1、2 版中，方法论问题主要还是

---

❶ Vgl. Monika Frommel, *Die Rezeption der Hermeneutik bei Karl Larenz und Josef Esser*, R. Gremer, 1981, S. 41.

❷ Vgl. Monika Frommel, *Die Rezeption der Hermeneutik bei Karl Larenz und Josef Esser*, R. Gremer, 1981, S. 42f.

受新黑格尔主义的影响。而在《法学方法论》的第 3 版中，拉伦茨教授实现了向以哲学诠释学为基础的法律解释学的转型。其主要是以伽达默尔于 1960 年出版的《真理与方法》中阐述的哲学诠释学为理论基础的。

拉伦茨教授秉承伽达默尔的前理解理论，认为其与数学上的证明与逻辑学的连锁推理不同，理解的程序并不是沿着一种直线的方向进行的，而是沿着前理解与案件事实之间来回交互的步骤进行的。理解的程序的开端通常是一种——虽然时常模糊的——意义期待（Sinnerwartung），其经常在最初的、暂时性的看视中产生。解释者带着前理解来面对法规范的文字表述，也只有借助前理解才能获得前述的意义期待。前理解牵涉由文本所处理的事物与谈论事物时所使用的语言。如果欠缺这两方面的前理解，就很难甚至根本无法形成某种意义期待。若要进入理解的程序，解释者就必须需要这种意义期待，即使在理解的程序中可能证明这种意义期待并不足够，需要做相应的修正。对所要理解的事物而言，解释者越是持久并深入地加以研究，就越能对其有详细的了解，前理解也就会变得越加丰富，解释者借此也就能更加快速构建适当的意义期待，以尽快结束理解的程序。❶

拉伦茨教授进一步认为，如果一个人对数学一无所知，那么在面对数学课本时会茫然无措；同样地，对没有处理过法律问题的人而言，其对法律文本的理解和判断依据也会束手无策。法官，是以其对现行法律的法律问题、问题关联、思维形式以及以此为条件的解决可能性的全部知识，以及其对立法者或具有法律常识的国民所使用的语言，来完成解释任务的。解释者的前理解是一种长期的学习过程的结果，这个过程包括其法学培训过程，也包括借助职业活动以及职业以外的经验所获得的知识，特别是与

---

❶ Vgl. Karl Larenz · Claus – Wilhelm Canaris, *Methodenlehre der Rechtswissenschaft*, 3 Aufl., Springer-Verlag 1995, S. 29.

社会事实及其关联的知识。❶

总而言之，拉伦茨教授坚持认为，前理解对于理解的程序至关重要，是达至正确的理解必不可少的前提条件。即使前理解总是在不断地变化发展，我们的语言与文化传统仍然可以成为主体间的沟通与法律解释的有效基础。❷

值得一提的是，拉伦茨教授对哲学诠释学以及前理解在法律解释学中的引介仍然显得不够充分。❸ 虽说其实现了向以哲学诠释学为基础的法律解释学的转型，但仍然自相矛盾地试图将前理解的相关理论严格限制在法律解释学的方法论的范畴之中。具体而言，按照拉伦茨教授的理解，前理解所导致的意义期待并不与法律适用的目的有关，其并不包括对正确的案件裁判的前把握；而是与法律文本的意义关联与生活关系的结构息息相关。这就意味着，从根本上来说，是客观的法律文本的意义关联与生活关系的结构，而不是前理解，最终确定法官裁判是如何做出的了，前理解并没有预先把握法官的裁判，而只是对客观的法律文本的意义关联与生活关系的结构的确认。这种观点很难说是与哲学诠释学关于前理解的观点相吻合的。此外，拉伦茨教授强调，伽达默尔的哲学诠释学以及前理解理论常常遭受缺乏客观的、现实的解释标准的批判。❹ 前理解本身具有招致法官的自负的风险，也与法官应受法律约束的一般性见解不符。法官在作出裁

---

❶ Vgl. Karl Larenz · Claus - Wilhelm Canaris, *Methodenlehre der Rechtswissenschaft*, 3 Aufl., Springer-Verlag 1995, S. 29f.

❷ Vgl. Larenz, Die Bindung des Richters an das Gesetz als hermeneutisches Problem, in: E. Forsthoff, W. Weber, F. Wieacker (Hrsg), *Festschrift für Ernst Rudolf Huber*, Göttingen, 1973, S. 292.

❸ 按照弗罗梅尔教授的观点，拉伦茨教授对哲学诠释学的引介并不彻底，而是掺杂了新黑格尔主义的观点。Vgl. Monika Frommel, *Die Rezeption der Hermeneutik bei Karl Larenz und Josef Esser*, R. Gremer, 1981, S. 4.

❹ Vgl. Monika Frommel, *Die Rezeption der Hermeneutik bei Karl Larenz und Josef Esser*, R. Gremer, 1981, S. 89.

判时，必须首先以法秩序的准则为取向。为此，法官必须一再地进入理解程序中，努力获得前述准则的规范含义，并根据这种含义来不断地修正前理解。❶ 这样一来，前理解在某种程度上就失去了诠释学的本体论意义，而降为寻找某种法秩序的规范准则的方法。由此可见，拉伦茨关于前理解的观点并没有摆脱诠释学方法论的窠臼——文本存在一个客观的正确的含义，需要通过种种方法来获取——因此，其对哲学诠释学以及前理解的接受是有限的、不充分的。

（三）约瑟夫·埃塞对前理解的接受

在约瑟夫·埃塞那里，伽达默尔的前理解的理论得到了完全的接受。在埃塞教授看来，法律文本与规范在法律解释学中并不是一个永恒不变的要素，而是始终与其他超法规的裁判理由相互交织的。❷ 其注意到，法律解释学并不是一种玩弄概念和文字的方法论游戏，而是一种"法律的实践理论"。❸ 因此，埃塞教授将作为实践哲学的伽达默尔的哲学诠释学引入法律解释学中就不足为奇了。但是其并不想借此创造一种全新的法律解释理论，而是试图借此指出法官所作出的裁判的实践理性之基础。这一基础就是所谓的前理解。

根据埃塞教授的看法，前理解是："范畴性的工具，其自身属于社会经验的产物，用来帮助法官下意识地选择、记录与分类与案件事实'明显

❶ Vgl. Karl Larenz · Claus - Wilhelm Canaris, *Methodenlehre der Rechtswissenschaft*, 3 Aufl., Springer-Verlag 1995, S. 32.

❷ Vgl. Josef Esser, *Grundsatz und Norm in der richterlichen Fortbildung des Privatrechts*, Tübingen, 1956, S. 20.

❸ Vgl. Josef Esser, *Vorverständnis und Methodenwahl in der Rechtsfindung*, Athenäum-verl, 1970, S. 7.

相关'的构成要素与'合适'的规范。"❶ 前理解是一切法律解释的本体
论上的先决条件,一切法律解释都需要先从前理解开始。

　　埃塞教授进一步指出,法律的解释并不能被限制在法条归摄这种逻辑
模式上。前理解为法律的解释提供了一种意义期待,这是一个先于法律的
视域,基于这种视域,合适的法律规范被挑选出来,再根据案件的特殊情
况形成大前提。这样一来,法律解释的关键因素就变成了法官的前理解与
价值判断的问题。❷ 逻辑上的一致性问题就变成了如何理性地构建这些超
法律的价值判断的问题。任何解释的有用性都取决于"对法律的前理解与
不受干扰的法律立场之间的理性连接的确认"。❸

　　按照埃塞教授的看法,前理解不仅可以对法律条文与规范的解释达致
一定的意义期待,针对法官做出的裁判,在其做法律教义学的考量之前,
透过其长期职业经验所积淀成的前理解,借着"直接诉诸前教义学的评价
的各种明显的可能性",亦能形成法官"关于正当性的确信"。❹ 这样一来,
任何法律解释学的解释结论与法律教义学的判断都不过是法官事后所做的
"一致性的审查"。❺ 显然,埃塞教授与前述的拉伦茨教授的观点明显不同,
认为前理解所导致的意义期待与法律适用的目的有关,法律适用的目的就
在于确认前理解、法官做出的裁判与实证法体系是存在一致性的,前理解

---

❶　Vgl. Josef Esser, *Vorverständnis und Methodenwahl in der Rechtsfindung*, Athenäum-verl, 1970,
S. 10.

❷　Vgl. Josef Esser, *Vorverständnis und Methodenwahl in der Rechtsfindung*, Athenäum-verl, 1970,
S. 31, 53f.

❸　Vgl. Josef Esser, *Vorverständnis und Methodenwahl in der Rechtsfindung*, Athenäum-verl, 1970,
S. 117.

❹　Vgl. Josef Esser, *Vorverständnis und Methodenwahl in der Rechtsfindung*, Athenäum-verl, 1970,
S. 139ff.

❺　Vgl. Josef Esser, *Vorverständnis und Methodenwahl in der Rechtsfindung*, Athenäum-verl, 1970,
S. 19.

包括了对正确的案件裁判的前把握。由此可见，埃塞教授既摒弃了拉伦茨教授所坚持的文本存在不依赖于前理解的客观的、正确的含义的观点，又摒弃了拉伦茨教授的前理解不过是获取上述客观含义的方法的主张。前理解在其理论中已经完全成了决定法律文本与规范的含义的前提要件。因此，埃塞教授对前理解的把握要比拉伦茨教授更深。哲学诠释学以及前理解的相关理论，在埃塞这里才算真正地在法律解释学中得到了完全的运用。❶

三、前理解的获得

那么，解释者是如何获得前理解的呢？按照埃塞教授的看法，这不仅仅是个哲学问题，更是一个社会问题。社会学的因素是前理解的重要组成部分。❷

我们所生活的社会，按照胡塞尔的说法，具有"生活世界（Lebenswelt）"的特征，即在这样的世界中，作为社会组成部分的个人，都是通过自然态度来体验社会及文化，采取某种与它们的对象相关的立场，既接受其影响又对其施加影响的。通过自然态度，生活世界的现实存在以及其中的内容，除非接受者特别加以注意，否则都是当作给定的毋庸置疑的事物加以接受的。这些毋庸置疑的给定物，都从属于我们所具有的，有关这个已被社会化的生活世界的朴素经验。但是，每一个社会个体所拥有的知识只在很少的程度上来自其个人经验。其知识的绝大部分都是来自社会的，并且是通过父母、老师、老师的老师，借助同伴、同时代人以及前辈

---

❶ Vgl. Monika Frommel, *Die Rezeption der Hermeneutik bei Karl Larenz und Josef Esser*, R. Gremer, 1981, S. 90f.

❷ Vgl. Monika Frommel, *Die Rezeption der Hermeneutik bei Karl Larenz und Josef Esser*, R. Gremer, 1981, S. 90.

的关系进行长期教育的过程，才传达给个体的。它是以洞见、信念等形式，以多少有些存在理由或盲目的格言的方式，以具有实用性的教训的形式，以及用于解决各种社会生活的实在问题的形式来加以传播的。所有的这些来源于社会的知识，首先是被社会共同体的成员当作给定的毋庸置疑的事物来接受的，这是因为，那些事物被这个社会共同体当作已经经过检验，其有效性毋庸置疑的事物来传播给其成员的。这样一来，这些事物也就成了社会生活形式的一部分，并且因此构成了一组共同的，用于解释这个社会的图式，也构成了用来达成相互理解与一致的手段。借此，这些事物就成了解释这个生活世界的某种经验储备。❶

而在日常生活中的任何时刻，我们对所生活的世界的解释都是建立在之前有关其的各种经验性储备的基础之上的，这些经验性储备以"现有的知识"的形式发挥着解释图式的作用。进一步说，我们所生活的世界，是由一个多少受到限定的、多少具有一些确定属性的客体所构成的世界。这些客体中的任何一个都不会被当作孤立的客体来观察，其从一开始就是一个处于熟悉与预先把握（所谓的前理解）所构成的视域内的客体。❷

通过上述分析，如何获得前理解的问题也就迎刃而解了。前理解来自我们的在历史性的视域中所形成的，通过社会流传给我们的所有的经验性储备与积淀。在法律解释学中（自然也包括刑法解释学），这种经验储备与积淀体现为解释者的社会周围环境，其出身及其所受的教育。前理解的获致并非是一个全然随意的过程。❸ 按照埃塞的说法，它依赖于解释者长

---

❶ 参见［奥］阿尔弗雷德·许茨著：《现象学哲学研究》，霍桂桓译，浙江大学出版社 2012 年版，第 137 页以下。

❷ 参见［奥］阿尔弗雷德·许茨著：《社会实在问题》，霍桂桓译，浙江大学出版社 2011 年版，第 8 页。

❸ 参见［德］汉斯-格奥尔格·伽达默尔著：《诠释学——真理与方法（Ⅰ）》，洪汉鼎译，商务印书馆 2007 年版，第 364 页以下。

期学习过程的结果，这个过程既包括其法学学习过程——其接受法律教育培训的过程以及最重要的学习材料——又包括他其后从职业经验中以及职业经验外所取得的知识——特别是作为范例来把握的冲突性案例、法院的传统、惯例以及判决。如果再加上解释者个人的特殊角色和兴趣点，前理解在最宽广的意义上可以被看作与社会生活事实相关的知识。❶ 总而言之，前理解来自生活世界的生活经验、社会经历以及知识储备，解释者自身的生活世界引导着其的前理解。

---

❶ Vgl. Josef Esser, *Vorverständnis und Methodenwahl in der Rechtsfindung*, Athenäum-verl, 1970, S. 10f.

前理解在刑法解释中的运用

一、前理解与"事物的本质"

(一)"事物的本质"的含义

在法律解释与法律续造中,法官与学者颇好援引"事物的本质(Natur der Sache)"作为正当性依据。[1] 但对"事物的本质"的确切含义及其界限,至今尚无十分明确的见解。[2] 学界较为一致的看法是,"事物的本质"在社会生活中是建立在人的本性及其生存的世界的本质上的,具体体现为人的各种活动领域和共同体所固有的、独特的客观规律性。[3] 因此,"事物的本质"是一种客观目的论的解释标准,借助这种标准,法官与学者可以从亟待调整的社会生活事实所蕴含的具体的"内部秩序""事理逻辑结构(die sachlogische Struktur)"之中得出缺乏的规范,填补法律中的漏洞。[4]

---

[1] Vgl. Franz Bydlinski, *Juristische Methodenlehre und Rechtsbegriff*, Springer–Verlag Wien New York, 2 Aufl., Springer–Verlag 1991, S. 51ff.

[2] Vgl. Max Gutzwiller: Zur Lehre von der "Natur der Sache", in *Die ontologische Begründung des Rechts*, Darmstadt 1965, S. 14ff.

[3] 参见 [德] H. 科殷著:《法哲学》,林荣远译,华夏出版社 2002 年版,第 148 页以下。

[4] Vgl. Günter Stratenwerth, *Das rechtstheoretische Problem der "Natur der Sache"*, Mohr (Siebeck) 1957, S. 20.

德恩伯格教授对此有过一段相当精彩且经常被引用的表述："生活关系在其自身中就或多或少地包含其自身的标准和内在秩序。人们把这种内在于事物之中的秩序称为'事物的本质'。勤于思考的法学家在缺乏实体法规定或在其不完善抑或不清晰时必须诉诸它。"❶ 这段表述，大体上勾勒出了"事物的本质"的含义，深值赞同。

从法律哲学（Rechtsphilosophie）的角度来看，"事物的本质"是奠基于存在论（Ontologie）哲学之上的。存在论乃是一种实在论（Realismus）。这种理论是建立在共相（一般、普遍）与殊相（个别、特殊）的二元区分的基础之上的。其主张现实世界的事物属于殊相，并非混乱一团，而是内含先验的自然秩序（"事物的本质"）即共相，并可由人类通过理性而加以认知。在"事物的本质"那里，实然与应然是合一的。而这就意味着事实中包含价值，存在中包含规范，实然中包含应然。我们可以从实然中推导出应然作为当为规范。从法学方法论的角度来说，就是法律对生活材料不是规制，而是描述。因为在立法者乃至法学家架构法律概念之前，就存在着一个先于法律而存在的内含秩序的生活世界。法律概念来源于生活素材之中，是对先于法律概念而存在的具体生活秩序的描述。而法秩序，正是从生活素材中蕴含的具体生活秩序中导出的。就此而言，"事物的本质"在法本体论上体现为存在论中的共相，在法学方法论上体现为方法一元论。❷ 总而言之，纷繁复杂的社会生活现象，只不过是"事物的本质"这种理念、共相的感官表现，即殊相而已。❸ "事物的本质"表明了法与道德有其稳固的基础，这个基础完全独立于人们的意见与习俗。因此，对"事物的本质"的存在论诠释可以说为法规范及其价值确保了一个绝对与普遍

---

❶ Heinrich Dernburg, *Pandekten*, 3 Aufl., Bd. 1, Berlin 1892, S. 87.

❷ Vgl. Hans Welzel, Naturalismus und Wertphilosophie im Strafrecht, in *Abhandlungen zum Strafrecht und zur Rechtsphilosophie*, Walter de Gruyter 1975, S. 102ff.

❸ Vgl. Ralf Dreier, *Zum Begriff der "Natur der Sache"*, Walter de Gruyter 1965, S. 9ff.

有效的基础。❶

　　根据其在人类社会生活领域中的不同呈现方式，"事物的本质"可以被划分为如下范畴。

　　（1）它可能源于人的本质，或者更确切地说，在给定的人类社会中人的某种自然先天禀赋及其社会性的体现。例如，如果承认法律规范的有效性需要一定程度的社会生活经验和理解力，那么，在法律行为以及民事和刑事责任领域，考虑到未成年人的智力成熟程度，不能辨认自己行为的精神病人的责任感受以及依此行动的能力，对这两种人就应当做不同于常人的处理。未成年人依据其"本质"，需要他人协助，因此无民事行为能力的未成年人，应由其法定代理人代理民事活动，而从人的"本质"来看，最适于担任其法定代理人的就是其父母。❷ 同理，不具备辨认和控制自己行为的能力的人，不管是成年人还是未成年人，均无刑事责任能力，对自己的行为不负刑事责任。这些人既然在自然状况中处于缺乏辨认和控制自己行为的能力，那么就不能有效地参与社会活动，对他们的民事行为能力与刑事责任能力有所限制，属于自然之理，即"事物的本质"的必然要求。

　　（2）它可能源于物质自然界所具有的，人类不得不加以遵守的客观规律。比如，立法者虽然可以自由选择以太阳历上的年月日或其他天文日期为标准确定法律期限，但是如果立法者选择了太阳历，那么就必须接受一太阳年有 365 天这一事实。又比如，与妊娠时间有关的法律规范必须以妊

---

❶　参见［挪］G. 希尔贝克、［挪］N. 伊耶著：《西方哲学史：从古希腊到二十世纪》，童世俊、郁振华、刘进译，上海译文出版社 2004 年版，第 54 页。

❷　Vgl. Karl Larenz · Claus–Wilhelm Canaris, *Methodenlehre der Rechtswissenschaft*, 3 Aufl., Springer–Verlag 1995, S. 237ff.

娠所需的自然期限为基础。❶ 许乃曼教授也为我们提供了相当精彩的例子。❷ 他以月台上下车和亚马孙河上下船为例。一般地铁上下车的规则是先下车后上车，因为地铁月台空间较大，让车上要下车的乘客先下车疏散，再让月台上候车乘客上车，可以避免造成拥堵，这样比较安全。而在亚马孙河上下船时，必须先上后下，因为河中有水虎鱼（Piranha），让乘客在船下久等，有遭受水虎鱼攻击的危险。所以先上后下是比较安全的规则。上下车船因为地点不同，居然有不同的规则，这恰恰说明规则是受物质自然界所具有的某种客观性所影响。

（3）它可能源于各种社会生活领域所固有的客观规律。以《合同法》第426条的规定为例，该条规定："居间人促成合同成立的，委托人应当按照约定支付报酬。对居间人的报酬没有约定或者约定不明确，依照本法第六十一条的规定仍不能确定的，根据居间人的劳务合理确定。因居间人提供订立合同的媒介服务而促成合同成立的，由该合同的当事人平均负担居间人的报酬。"这条规定完全可以看作从居间活动的"事物的本质"中引申出来的。居间活动是一种商务活动，在这种社会生活领域中，居间人作为商人，在本质上属于自利的"经济人（homo oeconomicus）"，所以社会不能期待他会无偿地为他人工作。当事人必须向居间人支付报酬，因为这符合商务活动的本质，在商人的领域，无偿馈赠是陌生的。❸

（4）它可能源于人类的社会、经济制度在漫漫历史发展过程中，在一定的社会环境中，基于其基本功能特征而对人类提出的必然要求。例如，在工业社会中，技术承载了相当一部分的社会基本功能，因此技术及其客

---

❶ 参见［德］莱茵荷德·齐佩利乌斯著：《法哲学》，金振豹译，北京大学出版社2013年版，第57页。

❷ Vgl. Bernd Schünemann, Strafrechtsdogmatik als Wissenschaft, in *Festschrift für Claus Roxin*, Walter de Gruyter 2001, S. 31ff.

❸ 参见［德］H. 科殷著：《法哲学》，林荣远译，华夏出版社2002年版，第148页。

观规律就具有特殊的意义，对人类的行为举止提出了客观要求。由于在工业社会中，人要与机器和技术打交道，这就会产生一定的行为规范，法律共同体要求其成员遵守它们，因此这些行为规范就上升为法律义务。在许多过失犯的案件中，被违反的作为义务从根本上来说来自产生于技术和机器的"事物的本质"的行为规范。❶

（二）前理解与"事物的本质"的关系

那么，前理解与"事物的本质"有何关系呢？如前所述，从哲学诠释学的角度观察，刑法解释学乃是一种特殊的诠释学，其目的在于刑法的应用，也就是使刑法具体化于每一种特殊情况。也就是说，刑法解释学本质上是一种在共相（刑法条文与规范）与殊相（具体的案例事实）之间来回推论的过程。而从刑法解释学的本体论的角度来看，这一过程必然是从前理解开始的。前理解是对刑法条文与规范的含义的一种预先把握，而刑法条文与规范，如前所述，是对"事物的本质"的描述。由此可以推出，前理解本身也是对"事物的本质"的预先把握。更精确地说，从逻辑学的角度上来看，前理解是对共相（"事物的本质"）与殊相（具体的案例事实）之间关系的一种预先认识，是对共相的内涵与外延的预先把握。由此可见，"事物的本质"为前理解奠定了认知的范围与基础，前理解又反过来影响了对"事物的本质"的认识。因此，前理解是以"事物的本质"为基础的，"事物的本质"则必须透过前理解来进行理解。在法律解释与法律续造中必须以"事物的本质"为基础，而这个基础在刑法解释学的本体论看来，是必须首先通过前理解来进行的。前理解借此不仅成为对"事物的本质"的认识起点，也成为一切法律解释与法律续造活动的逻辑起点。

---

❶ 参见［德］H. 科殷著：《法哲学》，林荣远译，华夏出版社 2002 年版，第 148 页。

二、刑法解释的传统模式

（一）传统的概念式思维的基本特征

根据之前的分析，解释者的目光必须在殊相与共相、特殊与普遍、具体案例事实与"事物的本质"之间往返流转。刑法解释本身体现为根据"事物的本质"，在规范与事实之间来回推论的过程。这就产生了如下疑问：我们究竟根据何种思维方式，从作为殊相的具体案例事实通达作为共相的"事物的本质"呢？

按照法学方法论的经典观点，概念（Begriff）是我们借以从具体案例事实通达"事物的本质"的基本思维方式。❶ 我们从亟待规制的构成要件事实中抽象出、分离出若干共同要素，并将其一般化、普遍化，这样就形成了所谓的"抽象概念"。❷ 由此可见，此等概念就是从具体事实中所抽象出的共相，即对"事物的本质"的抽象描述，其本身体现为用法律语言对某个词项的定义。因此，对法律的解释就意味着将该法条中所包含的概念所指称的具体内容归于该概念之下。❸ 法律解释与法律推理因此表现为一种三段论（Syllogismus）式的逻辑归摄过程。借助这样的逻辑归摄过程，就能实现具体案例事实与"事物的本质"的往返互动。

以刑法典第 232 条所规定的故意杀人罪为例。我们用 T 代表该条的"故意杀人的"这一概念（该概念同时形成了故意杀人罪的构成要件），以 m_1、m_2、m_3 代表该概念的要素（构成要件要素），以 R 代表故意杀人罪的

---

❶ Vgl. Franz Bydlinski, *Juristische Methodenlehre und Rechtsbegriff*, Springer – Verlag Wien New York, 2 Aufl., Springer–Verlag 1991, S. 300ff.

❷ Vgl. Karl Larenz · Claus – Wilhelm Canaris, *Methodenlehre der Rechtswissenschaft*, 3 Aufl., Springer–Verlag 1995, S. 265.

❸ 参见［德］齐佩利乌斯著：《法学方法论》，金振豹译，法律出版社 2010 年版，第 30 页。

法律后果，即"处死刑、无期徒刑或者十年以上有期徒刑；情节较轻的，处三年以上十年以下有期徒刑"，以道义逻辑算子 O 代表应然，以 S 代表具体的案例事实，那么对故意杀人罪的法律解释与法律推理全过程可以简单表述如下：

$$T = m_1 + m_2 + m_3 \rightarrow OR$$
$$S = m_1 + m_2 + m_3$$
$$S \rightarrow OR$$

概念式思维具有如下特征：

（1）概念的内涵，即概念的构成要素的综合，与概念的外延，即可以归摄到概念之下的具体案例事实的总和呈反比关系。即，内涵的扩张导致外延的缩小，内涵的缩小导致外延的扩张。

（2）概念具有不变性、封闭性的特征。一旦概念被定义，其内涵与外延就被固定化，因此就对不断变化的生活事实表现出一种封闭性。

（3）概念式思维本质上属于一种三段论式的思维方式，借助逻辑归摄和推理架构概念体系，整个法律体系也就变成了封闭自足的概念系统。

总而言之，概念式思维将大量彼此不同，高度复杂的社会生活事实，以简单明确的方式加以抽象，归类，并用清晰易懂的要素加以描述，赋以相同的法律事实以相同的效果。通过对"事物的本质"的概念化描述，概念式思维构造出了构成要件（Tatbestand），任何具备概念要素的具体案例事实，均可以毫不费力地归摄在构成要件之下。❶ 借助这种方式，概念式思维实现了殊相与共相、特殊与普遍之间的互动，我们借此可以由具体案例事实通达"事物的本质"。

---

❶ Vgl. Karl Larenz · Claus－Wilhelm Canaris, *Methodenlehre der Rechtswissenschaft*, 3 Aufl., Springer－Verlag 1995, S. 267.

（二）传统的概念式思维的难题

概念式思维虽然有种种优点，但是仍然不能掩盖其最根本的难题——封闭性的概念式思维难以适应不断变化的生活事实。

用康德的观点来说，传统的概念是"分析"的，即谓词 B 属于主词 A，是已经隐蔽地包含在 A 这个概念之中的东西。因此，借助概念进行的判断是说明性的判断，它没有通过谓词给主词概念增加任何东西，所以不能扩展我们对于这个世界的认识。❶ 这就导致封闭的概念对不断变化的生活事实显得无能为力。

从古到今，有无数立法者穷尽了人类的一切智慧，试图给概念找出一个能永远适应一切生活事实变化的固定不变的定义，但是这种努力均告失败。其原因正如尼采所言：只有那些没有历史的概念才能够被定义。❷ 传统的概念虽然是对"事物的本质"的描述，但是这种描述是不完整的。如海德格尔所言，事物中蕴含着本质的呈现，表现为一种去遮蔽（ἀληθεύειν）的过程，这个过程是历史性的。❸ 换句话说，"事物的本质"是在一个历史性进程中如其所是地逐步向我们展开的。谁能做到洞见生活世界的全部生活材料事实呢？"它们藏身于无尽多变的生活海洋中，何曾有一次被全部冲上沙滩？"❹ 很明显，无论是法官还是法学家都难以预见到在社会生活中涌现出来的大量错综复杂的情况。❺ 我们所洞察到的"事物

---

❶ 参见［德］伊曼努尔·康德著：《纯粹理性批判》，邓晓芒译、杨祖陶校，人民出版社 2004 年版，A7。

❷ 参见［德］尼采著：《论道德的谱系》，周红译，三联书店 1992 年版，第 58 页。

❸ 参见［德］海德格尔著：《论真理的本质》，赵卫国译，华夏出版社 2008 年版，第 311 页。

❹ 参见［德］拉德布鲁赫著：《法学导论》，米健译，中国大百科全书出版社 1997 年版，第 106 页。

❺ 参见［法］亨利·莱维·布律尔著：《法律社会学》，许均译、郑永慧校，上海人民出版社 1987 年版，第 63 页。

的本质"，仅仅是从我们的视域（Horizont）出发所看视到的生活材料中抽象出来的，只是那真正的"事物的本质"的某个方面而已。"事物的本质"随看视者"被抛（Geworfenheit）"入的具体历史情境的不同而呈现出不同的方面，所以它总是处于伽达默尔所称的"效果历史（Wirkungsgeschichte）"意识之中。也就是说，"事物的本质"总是在看视者的理解中显示出它的历史实在性。❶ 因此，各种法律概念必然是不完全、不清晰的，任何一种用最终的、权威性的解释定义概念的企图，都会过早地吞噬概念的生命。❷

解释者尝试尽可能精确地在法律概念中把握典型的生活事实，但判决则必须重新去定义这些概念，以便能正确评价新涌现出的生活事实。然而，这个定义本身又因为生活现象的复杂多样，也只能多多少少满足一段时间，而又立刻开始一个重新循环的过程。❸ 例如，刑法典第 275 条中的"故意毁坏公私财物"中的"毁坏"的含义就可能随着生活事实的变化而变动：甲将他人的电视机从楼上摔至楼下，导致电视机不仅物理上毁损，而且丧失其本来用途时，法官可能将"毁坏"解释为："通过对财物的全部或者一部分进行物质性破坏、毁损，以致全部或者部分不能遵从该财物的本来用途进行使用"。但是，在乙故意将他人价值 1 万元的戒指扔入大海中时，上述"毁坏"的定义会导致乙的行为无罪。于是，当法官认为他人戒指值得刑法保护、乙的行为值得科处刑罚时，可能将"毁坏"解释为："对财物行使有形力，毁损财物或者损害财物的价值、效用的行为"。可是，在丙故意将他人的鱼池的闸门打开，导致他人价值万余元的鱼游入

---

❶ 参见［德］汉斯-格奥尔格·伽达默尔著：《真理与方法——哲学诠释学的基本特征》（上），洪汉鼎译，商务印书馆 2007 年版，第 411 页。

❷ 参见［英］韦恩·莫里森著：《法理学》，李桂林等译，武汉大学出版社 2003 年版，第 555 页。

❸ Vgl. Arthur Kaufmann, *Analogie und "Natur der Sache"*, 2 Aufl., R. v. Decker & C. F. Müller Heidelberg 1982, S. 52.

大河时，上述两种"毁坏"定义都将导致丙的行为无罪，当法官认为他人的鱼值得刑法保护，丙的行为值得科处刑罚时，必然重新解释"毁坏"："导致财物的效用减少或者丧失的一切行为"，法官面临的不同的生活事实导致其反复地定义"毁坏"。❶

这种封闭—再定义—封闭—再定义的过程是永无止境的。就这样，整个法学就变成了堆满着死去的概念定义的骨骼的战场。❷ 这就导致了严厉的批评和尖刻的嘲讽：这种概念定义的方法完全背离科学对判决的"客观性"要求；法律概念沦为法官造法的工具，法律解释与法官造法的界限变得模糊了；法官不声不响地扮演立法者的角色，从而在法律解释与法官造法之间"盲目飞行"；等等。❸ 同时，概念式思维自身也有不易解决的副作用。在概念的建构过程中，理应认识经由该概念所欲实现之价值，以进一步获得对该价值之共识，并将之储藏在该概念之上。但实际上解释者往往忽略这一过程。其结果就是，刑法的学习者与研究者，不知有此过程的存在，而只知在现行规定的语意基础上，对现行刑法条文与规范进行逻辑的分析、组合，从而导致概念式思维剥离了刑法条文与规范中所体现出的规范价值与判断的现象。❹ 前述的"组织同性卖淫案"就是一个典型的例子。某些解释者只知道现行刑法规范中"卖淫"的语意基础是男女之间性交易，只拘泥于将组织男女之间性交易的行为归摄到组织卖淫罪这一罪名下，却忽略了组织卖淫罪的立法理由与规范价值，从而在面对组织同性之间性交易的行为时茫然不知所措。这种思维方式，容易使人只知道刑法条

---

❶ 参见张明楷：《刑法分则的解释原理（上）》，中国人民大学出版社2011年版，序言第8页以下。

❷ 参见［德］黑格尔著：《哲学史讲演录》（第一卷），贺麟、王太庆译，商务印书馆1978年版，第21页。

❸ 参见［德］魏德士著：《法理学》，丁晓春、吴越译，法律出版社2005年版，第351页。

❹ 参见黄茂荣：《法学方法与现代民法》，法律出版社2007年版，第79页以下。

文与规范的现行文义，丧失培养其认知刑法之所以如此规定的理由的机会，以致不能发现刑法规定所欲实现的价值。

其实，早在古罗马时代，法学家就已经言简意赅地宣布了概念式思维是不可能解决这些问题的：Omnis definitio in jure civili periculosa est（在市民法中，一切定义都是危险的）！❶

三、类型作为刑法解释的基本思维方式

概念式思维的失败之处在于，它是建立在认知的主体与客体二分的基础之上的：存在一个不依赖于人类意识的认知客体（"事物的本质"），人类作为认知主体，可以对其加以认知；由于人类不可能完全把握认知客体的全部特征，所以对其的认知也必然是残缺不全的。因此，以三段论为推理方法，经由抽象而形成的普遍性的法律概念并不足以胜任法律发现过程的诠释学特征，即实现法律性、创造性、革新性的功能（但其在法学方法论中绝非不重要）。因此，我们需要突破传统认知的主体与客体二分法模式，实现认知的主体与客体的统一模式。这种认知模式的范式转换将会为我们带来某种新的思维模式，其一方面能使制定法保持创造性、历史性以及对不断变化的生活事实的适应力，另一方面能限制法官和学者的肆意，这种思维模式就是类型（Typus）。

（一）类型的含义

什么是类型？具有讽刺意义的是，类型本身不允许我们对其下定义，因为一旦我们给类型下了定义，就意味着抹杀类型与概念的区别，类型本

---

❶　Dig. 50, 17, 202.

身也就落入了概念式思维的窠臼。所以，类型不能被定义，只能被描述。❶

对法官与学者而言，只有通过一定的认知和思维模式方可经由纷繁复杂的具体案例事实通达"事物的本质"。这种思维模式就像康德在《纯粹理性批判》中的先验逻辑一章中提出的时间图型（Schema），既是普遍中的特殊者，又是特殊中的普遍者，既借助"事物的本质"形成自己的固定核心，又保持对无尽生活事实的开放性。因此，这种思维模式就构成了普遍与特殊、共相与殊相、事实与价值、存在与当为之间的中点（Mittelstellung）和连接点，❷ 即所谓的"类型"。

类型为我们的经验提供了一个无限开放的视域。在这样的视域内，任何认知对象都被我们当作由多种多样的经验活动加以组织和构成的东西来经验的。就任何一种经验而言，虽然其内容有可能是不确定的，没有完全得到限定的，但是它从来不是空洞无物的。因为，任何一种经验都始终包含着某种历史性的、指涉将来的无限可能性的视域。认识者不仅能够通过实际的认知过程，一步步地对认知对象做出说明，而且能够通过各种各样的额外经验活动获得对此认知对象的不断更新的补充性限定。❸ 类型由此又体现为一种主客观相统一的经验结构。

按照上述的认知理论，类型不仅是具体案例事实与"事物的本质"的中间连接点，还借着具体案例事实形塑着我们对"事物的本质"的认识。"类型"的古希腊文τύπος，其本意就是"形塑"。"事物的本质"是在具体案例事实的经验中逐步呈现的，类型为此提供了一种历史性的、指涉将

❶ Vgl. Arthur Kaufmann, *Analogie und "Natur der Sache"*, 2 Aufl., R. v. Decker & C. F. Müller Heidelberg 1982, S. 47.

❷ Vgl. Detlef Leenen, *Typus und Rechtsfindung*, Verlag von Duncker & Humblot, Berlin, 1971, S. 56.

❸ 参见［奥］阿尔弗雷德·许茨著：《现象学哲学研究》，霍桂桓译，浙江大学出版社2012年版，第108页。

来可能性的、无限开放的视域。我们一方面通过对过去的具体案例事实的认知形成当前的对"事物的本质"的认识，还通过对现在与将来不断涌现的新的具体案例事实，不断丰富这种认识，不断扩充着"事物的本质"的意义内涵与外延范围。总而言之，类型在一个历史性的视域中不断地形塑着我们对"事物的本质"的认识。这种思维模式扬弃（aufheben）了传统的主客体二元区分的认知模式，实现了主客体相统一的认识论上的哥白尼革命，因此破解了传统的概念式思维的难题。

值得一提的是，不仅类型形塑着"事物的本质"，"事物的本质"也限定着对类型的理解，充当着所谓的"指导形象（Leitbild）"。如前所述，类型是借助具体的生活经验形塑"事物的本质"的，然而，直接经验往往会根据一些虽然众所周知，却实际上并不正确可靠的认知来遮蔽"事物的本质"。例如，鲸"鱼"不是鱼，而是一种哺乳动物。而人们往往根据这种动物与鱼具有共同的生活方式这种类比，错误地把鲸鱼当成"鱼"，从而遮蔽了鲸鱼的本质。按照许茨教授的说法，这种错误的类型属于"非本质类型（außerwesentliche Typen）"，真正的类型应该建立在指涉前科学的、真正地反映了"事物的本质"的"本质类型（wesentliche Typen）"的基础上。❶

综上所述，法律中的类型，是对"事物的本质"的描绘。它不能像概念那样去定义，而只能尽可能地通过一系列构成要素（Merkmal）去描述"事物的本质"所涵盖的生活领域和生活经验；而且，这些构成要素也既无可能也无必要预先存在，❷ 我们完全可以通过一个历史性的认知过程不断发现新的构成要素，将其添加进原有的类型之中，以不断地丰富类型对

---

❶ 参见［奥］阿尔弗雷德·许茨著：《现象学哲学研究》，霍桂桓译，浙江大学出版社2012年版，第116页。

❷ Vgl. Franz Bydlinski, *Juristische Methodenlehre und Rechtsbegriff*, Springer–Verlag Wien New York, 2 Aufl., Springer–Verlag 1991, S. 544.

"事物的本质"的描绘。

按照类型理论，任何一个认知对象不是作为某种认知客体而被给予认知主体的，而是作为具有某种特殊的经验类型的存在者被给予的。因此，类型便是那些预先给予立法与法律塑造的事物。立法者与解释者的任务便是描述各种类型。❶

此等类型在立法中比比皆是。拉伦茨教授就举了民法典中的"动物占有人""事务辅助人""占有辅助人"等例子，它们均属类型描述而非法律概念。❷借助类型，我们可以轻松地解决什么是"合同"的难题。《合同法》第2条似乎给"合同"下了个定义："本法所称合同是平等主体的自然人、法人、其他组织之间设立、变更、终止民事权利义务关系的协议。"由此看来，合同似乎是一个法律概念。但是，合同分为有名合同与无名合同。在依据合同法之架构处理社会生活关系时，势必考虑到在社会生活中不断涌现出的新的调整当事人双方民事权利义务关系的生活事实是否属于合同，以及属于哪一种有名合同，以确定合同法的总则与分则规定是否对之适用。如果将合同理解为概念，那么三段论的归摄推论模式显然不能圆满发挥将无限的生活事实归类于特定有名合同的过程。因此，合同不是概念，而是对那一类生活关系的"事物的本质"的类型化描述。它是不确定的，多多少少带有模糊性的，唯有如此，方能开放性地随着经验知识的积累以及所拟处理对象之变迁而演进，从而具有处理千变万化之法律现象所需要的规范弹性。❸

❶ Vgl. Arthur Kaufmann, *Analogie und "Natur der Sache"*, 2 Aufl., R. v. Decker & C. F. Müller Heidelberg 1982, S. 49.

❷ Vgl. Karl Larenz · Claus – Wilhelm Canaris, *Methodenlehre der Rechtswissenschaft*, 3 Aufl., Springer-Verlag 1995, S. 294.

❸ 参见黄茂荣：《法学方法与现代民法》，中国政法大学出版社2001年版，第239页。

（二）类型的特征

类型从其诞生之日开始就遭遇一种不幸（Unbehagen），即人们往往将其理解为"种（Gattung）"和"属（Art）"而与概念相混淆。❶ 因此，描述类型的特征的最好办法，就是将其与概念的特征放在一起，比较其异同。

总体而言，类型相对于概念，具有如下特征。

1. 开放性（Offenheit）

与概念所特有的不变性、封闭性特征不同，类型总是对无限的生活事实保持开放性，在一个流动不居的历史性视域中，借着社会经验知识的增长不断地丰富其构成要素与外延，因此：

（1）类型可视为诸构成要素的组合，这些构成要素是分层化的，类型故而也是层次性（Abstufbarkeit）的，它是富有弹性的构成要素之构造。❷ 因此，像"幽暗""夜晚""噪声""变化"这些词语均属类型描述，其本身就带有层次性的特征，只能以比较性的语言加以言说。❸ 我们完全可以说，这朵花比那朵花红，现在比刚才夜更深，这边的噪声比那边的大，这种层次性、比较性的表述使类型具有不确定性与模糊性。而概念则不同，概念的诸构成要素构成了概念的内涵，这里的每个构成要素都是必不可少的，因此概念是以全有或全无的思维方式作用于认知对象的，它不具备任

---

❶ Vgl. Detlef Leenen, *Typus und Rechtsfindung*, Verlag von Duncker & Humblot, Berlin, 1971, S. 25.

❷ Vgl. Detlef Leenen, *Typus und Rechtsfindung*, Verlag von Duncker & Humblot, Berlin, 1971, S. 34.

❸ Vgl. Detlef Leenen, *Typus und Rechtsfindung*, Verlag von Duncker & Humblot, Berlin, 1971, S. 40.

何层次性。比如，"人"这个概念只可能包括男人和女人，我们不可能说某人更是男人或更是女人，也不可能说男人与女人谁更有层次，否则就是贻笑大方了。因此概念是单义的，没有模糊空间。

（2）从类型的涵盖范围来看，既然类型具有层次性的特征，那么归属该类型的对象也必然是按照一定的层次加以组织的。对象相互之间是依靠一种"流动性的过渡（fließende Übergänge）"连接在一起的，对象之间的联系并没有提供一种明确的分类界限，而是通过丰富的，事前无法预计到的诸多过渡阶层（Zwischenstufe），在持续性的进程中相互交织在一起。对象的这种交织的过程呈现为根据类型内部的不同层次，队列性（reihenförmig）地加以组织的特征。❶ 以前述的合同这一类型为例，它又可以分为有名合同与无名合同两个子类型，有名合同与无名合同下又可分解为若干子类型，每个子类型都构成上位与下位的类型的过渡阶层，子类型之间构成了一种层级结构，每层结构均有其特殊的价值填充过程。作为合同这一类型的外延对象的生活事实都按照其所属的不同子类型而被归类，从而呈现为队列性结构。因此，在考虑某种新的生活事实属于合同后，既要考虑合同的总则规定，又要考虑合同自身以及该生活事实所属的不同的层级等级结构的不同价值规范与当为要求，如此方能形成对该生活事实的"事物的本质"的真正描述。

2. 意义性（Sinnhaftigkeit）

按照通说，概念是由核心领域（Begriffskern）以及边际地带（Begriffshof）组成的，处于核心领域内的对象，按照日常语言习惯，不需做任何扩展便可确定；而处于边际地带的对象，根据日常语言习惯则是有疑问

---

❶ Vgl. Detlef Leenen, *Typus und Rechtsfindung*, Verlag von Duncker & Humblot, Berlin, 1971, S. 34f.

的，但又不是绝不可能的。● 而类型则大相径庭。如前所述，类型是富有弹性的构成要素之构造，其本身是层次性的，因此具有不确定性与模糊性。那么，此种具备层次性之类型究竟是如何被建构（konstituiert）出来的？也就是说，将诸多构成要素作为类型，按照层级构造的方式连接在一起的构件（Moment）是什么？将处于"流动性的过渡"中的对象领域划出界限的是什么？有无对类型自身的层级构造加以评判的标准？● 对这些问题的回答只有一个，那就是"事物的本质"。

"事物的本质"要求相同的事物做相同的处理，不同的事物做不同的处理，这体现了正义（Gerechtigkeit）的要求。● 因此，作为"事物的本质"的思考方式的类型就必然与富有意义的价值基准点（sinnvolle Bezugspunkt der Wertung）发生关联，也就是说，类型必须根据建构性的价值观点（konstitutive Wertgesichtspunkt），即正义的要求，对归类于该类型下的社会生活现象，按照其内部的层次结构做等置处理（gleichgelagert）。因此，类型表现出"意义性"的特征，即在考虑到建构性的意义与价值基准点的情况下与同义性（Gleichsinnigkeit）的关联。● 类型作为构成要素之构造，必须就其本身的层次结构形成若干形塑等级，如此方能确保同义性的实现。

以前述的在法律行为以及民事和刑事责任领域对未成年人和不能辨认自己行为的精神病人做不同于常人的处理为例。"法律行为""责任"等词

● Vgl. Franz Bydlinski, *Juristische Methodenlehre und Rechtsbegriff*, Springer-Verlag Wien New York, 2 Aufl., Springer-Verlag 1991, S. 118f.

● Vgl. Detlef Leenen, Typus und Rechtsfindung, Verlag von Duncker & Humblot, Berlin, 1971, S. 42.

● Vgl. Karl Larenz · Claus-Wilhelm Canaris, *Methodenlehre der Rechtswissenschaft*, 3 Aufl., Springer-Verlag 1995, S. 237.

● Vgl. Detlef Leenen, *Typus und Rechtsfindung*, Verlag von Duncker & Humblot, Berlin, 1971, S. 43.

语均为类型描述。按照同义性的要求，必须对相同的事物做相同的处理，不同的事物做不同的处理。这就意味着，"法律行为""责任"等类型，根据人的社会生活经验和理解力以及心智成熟程度，在内部构成了一定的层次结构，并根据这种层次结构，按照不同的等级塑造对社会生活领域的规制。完全能够辨别自己的行为及其结果者，在法律行为以及民事和刑事责任领域按照一定的标准等置处理，不能完全辨别自己的行为及其结果者，按照另一套标准等置处理，完全不能辨别自己的行为及其结果者，再按照另一套标准等置处理，如此才能确保正义性。

3. 整体性（Ganzheitlichkeit），或者更确切地说，结构性（Strukturiertheit）

如拉伦茨教授所言，"类型……是一种构造，一种有着丰富意义的结构化的整体，在其中，每个'要件'都与一定的'意义中心'与'精神内核'发生联系，并借此在其功能与意义中由整体来确定"❶。在概念式思维中，采用的是三段论式的归摄方法，因此评价某种生活事实是否该当某个构成要件（在概念式思维中，构成要件被当作概念），必须首先确定这种生活事实是否完全具备了该构成要件定义所具备的全部构成要素。而类型则完全不同。类型不仅仅是一种弹性的构成要素之构造，还首先是一种相互依存式的（interdependent）构成要素之构造。在这种构造中，各构成要素相互联系的种类与方式，相互之间的补充与限缩均服务于对整体性的认知。

例如，对刑法典第 264 条盗窃罪中"财物"的理解就是如此。"财物"不是概念，而是类型，因此对其的理解就不可太过拘泥于前见，而是必须立足于对其进行整体性的理解。"财物"在刑法学中经常被狭隘地理解为

---

❶ Larenz, *Typologisches Rechtsdenken*, ARSP 34 (1940/41), S. 20.

有体物，像财产性利益这样的无体物，只限于法条有特别规定的情况下方可被理解为"财物"。这种观点无视盗窃罪本身的目的在于确保公私财产和经济价值（当然也包括财产性利益）的移转秩序这一整体性，对"财物"做了不当的偏狭理解，因此不足采信。应该认为，"财物"既包括像固体物、液体物和气体物这样的有体物，又包括像财产性利益这样的无体物。有体物与无体物作为"财物"这种类型的构成要素，构成了这一类型的整体，因此是相互依存，不可偏废的，我们必须根据盗窃罪的立法目的，充分把握"财物"这一类型的整体性认知，才能真正弄清其构成要素与外延对象。

4. 直观性（Anschaulichkeit）或图像性（Bildhaftigkeit）

概念式思维要求尽可能地精确判断和掌握其内涵和外延，但是生活事实的多样性早已宣告概念无法对其直观地加以把握，自然就谈不上什么"精确判断和掌握"了。早在古希腊时代，哲学家们就用"累积悖论（σωρείτηϛ）"来质疑概念式思维的精确性：一个沙堆，如果每次从其中取走一粒沙，何时其不再成为"堆"？与之相反，如果每次加上一粒沙，何时其成为"堆"？一个秃头的男子头上长出一根头发，他还是一个秃子吗？如果是的话，在多少根之外再增加一根头发就会使一个秃头不再算秃子呢？因此，概念必然带有模糊性、不确定性，因此不可能达到概念式思维的精确性要求。

类型思维则与之相反。类型不是依靠数学式的精确性对外延对象进行定义，而是依靠建立在对"意义性"的直观（Anschauung）基础上的价值判断，即，我们无法靠着去看到并数出某事物所包含的必要的构成要素来判断此事物属于某一类型，而是去"直观"到事物及其组合所"散发""营造""体现"出的某种"意义"，来判别其所应归属的类型。我们的直观乃是一种对"图像"的把握，即某事物的所有构成要素作为一个"有机组织的集合体",仿佛化为一种"意义的图像"而被直观地把握到。因此,从对类型的认知角度而言,类型具有直观性或图像性的特征。❶

因此,利用类型思维可以轻松地解决前述的"累积悖论"。刑法典第345条规定了滥伐林木罪。可是,究竟多少棵树才能构成"森林"呢?概念在这里诉诸数字推理,因此无法解决"累积悖论"。而类型在这里却诉诸对"森林"这一类型的意义性的直观,即借助一定的价值判断去直观案件的处罚的必要性、社会的危害性等方面,再确定是否将一定的树木集合归属于"森林"这一类型之下。孰优孰劣,一目了然。

四、诠释学视域下的刑法解释的新结构
——前理解引导下的借助类型思维进行的诠释学循环

(一)前理解引导下的类型思维

前理解与类型有关系吗?如果有,那是一种什么样的关系呢?对这一问题的答案蕴含在我们对生活世界的经验的类型化特征之中。在这个世界中存在的个体对象,都不是仅仅在纯粹经验的基础上所提供的东西。对任何一种感知而言,被感知的对象都是根据人们在感知它的时候所依据的观点,通过某种形式而从某个角度出发,依照一定的价值取向表现出来的。即它是根据某种类型性,通过某种类型而将自身呈现出来的。我们所遇到并加以处理的各种对象,都不是把自身当作个体性的单一事物呈现出来的,而是把自身当作具有某种类型的事物呈现出来的。❷ 换句话说,我们

---

❶ 参见林立:《法学方法论与德沃金》,中国政法大学出版社2002年版,第129页。

❷ 参见〔德〕埃德蒙德·胡塞尔著、路德维希·兰德格雷贝编辑:《经验与判断》,邓晓芒、张廷国译,生活·读书·新知三联书店1999年版,第368页以下。

所感知的生活世界中的任何一个对象，都不是一大堆乱七八糟的色彩、形状和重量的组合，而是像房屋、树木、动物之类的东西而已。

　　当我遇到某种动物时，我有时将其作为四足动物来感知，有时将其作为狗来感知，有时将其作为某种特殊的狗来感知，这种动物是被当作某种已经类型化的东西来感知的，其是通过某种类型性的意义来呈现的。问题在于，既然所要认知的事物可以分别通过不同的类型来感知与呈现，那么我们应该根据什么准则在不同的类型中做选择呢？其实，只要我们记住类型化就是人们依据一定的观点，通过某种形式而从某个角度出发，依照一定的价值取向表现被感知的对象的过程，答案就呼之欲出了，那就是前理解。前理解根据类型与所要感知的对象的意义关联来决定选择哪种类型作为解释图式。比如，对于以非法占有为目的，在签订、履行合同过程中，采取虚构事实或者隐瞒真相等欺骗手段，骗取对方当事人的财物，数额较大的行为，在社会学上，可以适用越轨行为这一类型；在民法上，可以适用侵权行为这一类型；在刑法上，可以适用诈骗罪、合同诈骗罪这些类型。当我们需要研究这种行为在社会学上导致的社会规范的破坏与信任关系的缺失时，就可以适用越轨行为这一类型而不必考虑其他类型；当我们需要研究这种行为在民法上的法律后果时，就可以适用侵权行为这一类型而不必考虑其他类型；当我们需要研究以这种行为为代表的具有相似性的一类诈骗行为在刑法上的意义时，就可以适用诈骗罪这一类型而不必考虑其他的类型；当我们需要研究这种行为本身在刑法具体的个别的构成要件中的表现及其刑事制裁时，就可以适用合同诈骗罪这一类型而不必考虑其他的类型。总而言之，相同的事物可以有不同的类型作为解释图式，而对类型的选择，是通过前理解，参照类型与需要解释的事物之间的意义关联进行的。

（二）前理解引导下的诠释学循环作为刑法解释的新结构

概念式思维通过下定义的方式，借助三段论的归摄，从普遍推论到特殊，因此体现为一种演绎式的（deductive）思维方式，这种思维方式是单向的。❶ 而类型思维则不同。使用类型思维的刑法解释只能以如下方式来进行：首先根据以前对某个类型的意义性的理解的沉淀形成某种前理解（Vorverständnis），借助这种前理解去判断具体的案例事实是否能被归属到该类型之下；在判断过程中又不断修正之前对类型的描述，添加新的构成要素，再形成新的前理解。在这种前理解与具体案例事实之间的"诠释学循环（der hermeneutische Zirkel）"中，类型的描述就变得越来越丰富，越来越接近"事物的本质"。因此，从刑法解释学的本体论角度来看，类型就具有了前述四种特征以外的第五种特征——诠释学上的循环性（Zyklischkeit）。

从前理解到具体案例事实的推论是演绎式的，而从具体案例事实到前理解的推论则是归纳式的（inductive）。类型思维的循环性就具有演绎与归纳两种思维方式，如果承认类型思维是人类思维的先天结构，既能通过演绎确保认知的可靠性，又能通过归纳不断地扩展对自身的认知，那么我们对于类型的知识就具备了综合性、扩展性和可靠性。按照康德的说法，就是先天综合的（synthetisch a priori）。❷

通过一个例子可以说明前理解与具体案例事实之间的这种诠释学循环的过程。假设某艾滋病病人手持带有其血液的针筒实施抢夺，这一行为，是否构成《刑法》第 267 条第 2 款所指的"携带凶器抢夺"呢？关键在于，带有艾滋病患者血液的针筒是否能够被认为是《刑法》第 267 条第 2

---

❶ See Harry J. Gensler, *Introduction to Logic*, Routledge 2010, pp. 34ff.

❷ 参见［德］伊曼努尔·康德著：《纯粹理性批判》，邓晓芒译、杨祖陶校，人民出版社 2004 年版，A9。

款所指的"凶器"（此为类型而非概念）。❶ 解释者可能根据由对"凶器"这一类型的传统型见解所形成的意义性的理解的沉淀——"凶器"应当指枪支、爆炸物、管制刀具之类国家禁止个人携带的器械——而形成带有艾滋病患者血液的针筒不属于"凶器"的前理解，然后选择根据这种前理解形成的有关"凶器"的类型进入具体的案例事实之中，这一过程是一个演绎的过程。当其通过类比发现，带有艾滋病患者血液的针筒所具有的对生命、身体的威胁并不亚于枪支、爆炸物、管制刀具之类的器械时，其就会质疑原有的前理解与类型。解释者会尝试着回转到前理解中，修正原先的观点，将带有艾滋病患者血液的针筒归属于"凶器"之中，这一过程则是一个归纳的过程。借助新的前理解，解释者修正对原有的"凶器"类型的描述，添加一些与具体的案例情况相对应的构成要素，再借着新的类型进入具体的案例事实之中，这一过程又体现为一个新的演绎过程……总而言之，对"凶器"的前理解与具体案例事实之间的诠释学循环，就是在这种不断的来回往复的演绎与归纳过程中实现的，在演绎与归纳过程中，前理解与其所选择的类型的内涵也会变得越来越丰富。

需要指出的是，这里仍然存在一些尚未得到解决的问题：在多大的范围内，这种类型可以被打开，其界限何在？在演绎与归纳的来回往复的过程中，与刑法规范有关或无关的具体案例情况的取舍应该如何得到证明？这是下一章的论证理论所要解决的问题。

---

❶ 参见 ［德］考夫曼著：《法律哲学》，刘幸义等译，法律出版社 2004 年版，第 142 页。

前理解在刑法论证理论中的运用

一、对刑法解释学的本体论进行论证的必要性

从某种意义上来说，任何理论都面临着一种"明希豪森困境"，即如何在终极基础上证明自己的理论的理由来源于基础的正确性与合理性的问题，刑法解释学自然也不例外。由于刑事司法的资源极其有限，刑事法官的刑事裁判大多数是在时间与资源的各种压力下作出的，但是这种裁判又不能是刑事法官肆意判断的产物。传统的法律独断论，如法律理性主义与法律经验主义等，顶多揭示了理论理性与实践理性的认知标准，但对于刑事法官如何以实践理性的方式达致理性的裁判结果，却言之甚少。通过作为一种"实践哲学"的哲学诠释学理论，刑法解释学实现了本体论的转型，借此为自身找到了实践理性的基础。但这远远不够。哲学诠释学理论，仅仅是探究法律世界的种种可能性中的一种罢了，其并不具备绝对性，因此非但不能排斥像论证理论这样的其他理论，反倒要热烈欢迎其他理论的补充。由此看来，刑法解释学的本体论，还必须对自身的理论基础进行批判性的反思，举出理由证立与证成自身的论证方式的合理性，为正确性的要求提供某种理性的基础，方能证明自身为刑事法官的刑事裁判提

供了实践理性的支持。❶

　　需要指出的是，并不是刑法解释学的本体论的任何构成要素都要经过论证。如前所述，刑法解释学的本体论是以伽达默尔的哲学诠释学为基础的，因此属于一种先验哲学；其关注的是使刑法文本的理解得以可能的基本条件及程序，从而阐明刑法文本与生活世界之间的基本关系。这样的世界观与基本态度是不需要也不可能由论证理论加以证明的。论证理论在一定程度上表现出反对哲学诠释学的倾向，因为其将哲学诠释学视为一种非理性的形而上学。这种观点乃是一种谬误。哲学诠释学是理性的，只不过其指出了人类的理解过程中具有在分析哲学看来属于非理性的因素。即便是对于这些因素，哲学诠释学也是力图以理性的方式来对待的。❷

　　由此看来，刑法解释学的本体论需要论证理论，而论证理论在一定程度上又与作为刑法解释学的本体论的基础的哲学诠释学存在龃龉。解决这一问题的方法在于，将论证理论限制在刑法解释学的本体论中其能发挥作用而且能够得到认可的地方。如前所述，刑法解释学的本体论，乃是借助类型这一思维形式，从前理解到具体案例事实的演绎式的推论以及从具体案例事实到前理解的归纳式的推论的诠释学循环过程。类型思维、诠释学循环乃至前理解，属于理解的先验条件，在论证理论看来属于非理性的范畴；而从前理解到具体案例事实的演绎式的推论过程，由于属于演绎推论的一种，也不需要运用论证理论。唯一有问题的就是从具体案例事实到前理解的归纳式的推论。众所周知，归纳具有不完全性与不确定性，本书如何能将其作为"理性"的刑法解释学的本体论的一种推论方式呢？这就需要论证理论来提供证明了。

　　还需要指出的是，实践理性中的理性，并不要求百分之百的确定性。

---

❶　从这种意义上来看，可以说解释就是一种论证。

❷　Vgl. Arthur Kaufmann, *Analogie und "Natur der Sache"*, 2 Aufl., R. v. Decker & C. F. Müller Heidelberg 1982, S. 1f.

只要遵守了一定的讨论规则与形式，对自己的理论提供了一番能够自圆其说的理由，那么我们提出的问题就可以在规范性的意义上得到证立，讨论的结果就可以被称为"理性"的。因此，本章所指的论证，就是指举出合理的理由来支持本书提出的观点，论证理论则是指将这一证立过程加以系统化的理论体系。

二、诸法律论证路径概览

论证理论是一个比较热门的话题，具有极其广泛的研究范围。本书不打算对这些理论做一番面面俱到的赘述。既然本书讨论的是刑法的解释问题，而解释在很大程度上是个确定语义界限的问题，那么将重点放在介绍有关语义界限的论证理论方面就是顺理成章了。

（一）阿列克西的商谈法律论证

阿列克西教授在对法律解释的概念的研究中，将法律解释区分为最广义的（sensu largissimo）、广义的（sensu largo）与狭义的（sensu stricto）解释。最广义的解释涉及对主体对之赋意的客体的一般性理解。广义的解释仅涉及对语言陈述的理解。其分为直接理解与间接理解两种：语言陈述如果能够没有疑问地被理解，就是直接；如果在理解语言陈述时有疑问需要澄清，则是间接。狭义的解释则涉及对某个陈述有多种理解，其中只可能有一种是正确的情形。由此可见，严格意义上的解释其实也是一种间接解释。阿列克西教授认为，这是法律解释的最关键问题。❶

在阿列克西教授看来，法律的解释具有商谈的特征。商谈是通过由规

---

❶ 参见［德］罗伯特·阿列克西著：《法理性商谈——法哲学研究》，朱光、雷磊译，中国法制出版社 2011 年版，第 63 页以下。

则来加以决定的活动来界定的。阿列克西教授将言语行为理论（speech act theory）与哈贝马斯的真理共识论相结合，发展出了一种适用于商谈中的特定的基本规则的实用性原理。从这一原理中可以推论出以下基本规则：每种解释都是对概念的意义的陈述。这些陈述在作出时都提出了对正确性的诉求，也提出了相应的理由。❶ 在一般性的实践性商谈中，这些理由被假定为通过其自身（per se）来证明正确性的。在法律商谈的特殊情形，这些理由展示了有效的法律体系的框架内的解释的正确性。法律的解释（在狭义上）就是在诸多不同的可能性中根据论证进行选择的过程。

　　既然对解释的间接理解在狭义上就是在诸多可能的意义中做出有根据（well-founded）的选择，那么应该以什么为根据呢？阿列克西教授区分了内部证成与外部证成两种方式。内部证成涉及从给定的前提符合逻辑地推论出裁判结论的问题，外部证成则涉及上述给定前提自身的正确性的问题。❷

　　内部证成的最简单形式如下：

（1）　$(x)\ (Tx \rightarrow ORx)$ ［Rule R］

（2）　Ta

（3）　ORa （1），（2）

　　值得注意的是，构成要件 T 往往由诸多构成要件要素组成。每个构成要件要素都可以被看作以上内部证成的前提条件，而这些前提条件又可以理解为在证立步骤进行过程中所使用的表述的用法规则。阿列克西教授借助晚期维特根斯坦的语言哲学，称其为"语词使用规则"（Wort-

---

❶　参见［德］罗伯特·阿列克西著：《法律论证理论——作为法律证立理论的理性论辩理论》，舒国滢译，中国法制出版社 2002 年版，第 264 页以下。

❷　关于内部论证与外部论证的详细过程，参见［德］罗伯特·阿列克西著：《法律论证理论——作为法律证立理论的理性论辩理论》，舒国滢译，中国法制出版社 2002 年版，第 274 页以下。

gebrauchsregeln）。借助语词使用规则 W，我们可以从 R 中推导出更为精确的规则 R'。

(1)（x）（Tx →ORx）［R］

(2)（x）（Mx →Tx）［W］

(3)（x）（Mx →ORx）［R'］（1），（2）

阿列克西教授称 R' 为通过 W（I_{RW}）来解释 R。

阿列克西教授认为，语词使用规则不可以从立法中推导出，而只能通过外部证成来证立。

在外部证成中，阿列克西教授提出了六组用于外部证成的规则和形式。就本书的主题而言，值得注意的是第一组：解释的规则和形式。其最重要的任务就是证立命题 I_{RW}（＝R'），也就是使用语词使用规则对法律规范的解释。因此，语义界限的问题在阿列克西教授的理论中，最终是在使用语词使用规则对法律规范的解释的过程中实现的。

这一过程是通过语义学论述来进行的。但反过来，该语义学论述又依赖于语词使用规则本身的正当性。如何解决这一循环论证，阿列克西教授未下最终的结论。但他仍然列出了三种可能性：语言资质、经验调查与引证词典的权威根据，试图借此来解决语词使用规则本身的正当性问题。需要指出的是，语言资质、经验调查与引证词典，都不具备完全的确定性，反倒具有一定的非理性因素。于是，我们在这里就发现了饶有兴味的现象：尽管阿列克西教授费尽心机地构筑了庞大复杂的理性论证体系，但到头来，仍然诉诸某些非理性的因素。

（二）科赫、吕斯曼和赫伯格的分析法律理论

借助语言分析哲学的理论，科赫、吕斯曼和赫伯格教授发展出了非常精致的语义界限的理论。他们认为，法律语言的表述无非两种：经验性地

确定日常语言的使用或赋意。[1] 借此，他们发展出了法律适用的一般性模型。解释的目的有三个：已言说的、已要求的、合理的；这三个目标又匹配三种标准：语词的解释、主观目的论解释、客观目的论解释。这样就构成了法律适用的基本模型：[2]

（1）确定立法者的表述。

（2）在考虑立法者的主观目的的情况下，进行赋意。

（3）根据客观的、合理的目的，进行赋意。

这个模型是阶层式的，法官在作出裁判时必须受其约束：只有在高一层级无法作出裁判时才允许其下移到低一层级。就语义界限来说，这一模型产生了如下问题：究竟如何区分无疑义的语义与模糊的语义呢？

科赫、吕斯曼和赫伯格教授没有为何谓无疑义的语义提出定义，而是试图通过确定何谓模糊的语义来从反面确定何谓无疑义的语义。模糊的语义有三种表现，即歧义性、不连贯性、模糊性。在这些情况下，词语规则与法律用语的意义是不明确的。[3] 而模糊的语义的以上三种表现又都可以区分为三种情况：[4]

（1）概念可以无疑义地适用的情况（所谓积极的候选项）。

（2）概念可以无疑义地不适用的情况（所谓消极的候选项）。

（3）概念是否适用有争议的情况（所谓中立的候选项）。

科赫、吕斯曼和赫伯格教授主张，语义界限有两种：在语义上清晰的

---

[1]　Vgl. H-J Koch and H Rüssmann, *Juristische Begründungslehre. Eine Einführung in die Grundprobleme der Rechtswissenschaft*, Beck, 1982, S. 163.

[2]　Vgl. H-J Koch and H Rüssmann, *Juristische Begründungslehre. Eine Einführung in die Grundprobleme der Rechtswissenschaft*, Beck, 1982, S. 182ff.

[3]　Vgl. H-J Koch and H Rüssmann, *Juristische Begründungslehre. Eine Einführung in die Grundprobleme der Rechtswissenschaft*, Beck, 1982, S. 191ff.

[4]　Vgl. H-J Koch and H Rüssmann, *Juristische Begründungslehre. Eine Einführung in die Grundprobleme der Rechtswissenschaft*, Beck, 1982, S. 195.

情况中的语义界限和在语义上不清晰的情况中的语义界限。在语义上不清晰的情况中，语义界限对模糊性的范围设置了双重界限，也就是说，"可能的语义"作为"解释的界限"标示了解释的双重界限：解释从法规范的适用领域中排除积极的候选项，也不会将消极的候选项包括进法规范的适用领域中。这样一来，需要使用法律解释规则进行解释的，也只有中立的候选项的情况。通过积极的候选项与消极的候选项，我们可以确定对某个概念的使用规则没有疑问的清晰案件；这样的案件占大多数，而存在中立的候选项的疑难案件则相对较少。这样，借助排除法，就可以为语义界限及其解释划定一个大致的范围了。❶

（三）米勒的结构法律理论

米勒教授的结构法律理论批评上述两种理论都太过靠近法律实证主义理论，其试图提出一种法律实践工作的"后实证的"理论。其核心观点在于区分规则的文本与规则本身。规则的文本仅仅是一种"指针"，还称不上具有规范性。规则只能在法律的适用过程中产生，在适用法律的行为中发展。也就是说，法律的适用者首先根据规则的文本，通过解释制定出"规范性纲要"，再根据规范性纲要来选择规则的"规范性范围"。只有在这一阶段，规则包括规范性纲要与规范性范围时才算完整。具体案件事实也只有在那时方可归摄到这一规则之下。❷ 因此，法律解释并不像前述的理论中那样占据关键地位，规则的具体化过程将其取而代之了。

在米勒教授看来，规则的文本处于规则的具体化之前，脱离了具体适用的语境，因此并不能为法律的适用者提供确定的语义界限。语义界限与意义规则是由法律适用者自身在具体化规则的过程中创建的。其不是位于

---

❶ Vgl. M Herberger and H-J Koch, *Zur Einführung：Juristische Methodenlehre und Sprachphilosophie*, Juristische Schulung, 1978, S. 813.

❷ Vgl. F Müller, *Juristische Methodik*, Verlag Duncker & Humblot, 1997, Rn. 232f.

出发点上，而是法律实践活动的结果。❶ 具体来说，在通常的案件中，是规范性纲要决定了语义界限，即区分许可与不许可的规则具体化过程。但在语言使用过程中才形成的语义界限本身是无法约束法律的适用者的，语言自身就是具有开放性的结构。真正产生约束作用的，只能是缩减语言的开放性的法律文化。法律文化的载体是宪法、教义学与先例，在法律解释共同体的论证活动中，它们限缩了语言的开放性与法律适用者的自由裁量权。❷

三、对以上诸理论的批评

在本书笔者看来，以上的理论均有缺陷，因此不能成为本书所需要的论证理论。

首先，阿列克西教授的商谈法律论证理论是站不住脚的。阿列克西教授将法律解释理论的重心从解释转移到了论证上。这就导致了语义与解释之间的联系被切断了。❸ 另外，其论证理论将法官受制定法约束这一假设以关于真实的哲学理论来加以替代，这样法官不再受制定法而是受所谓的实践理性法则的约束了。显然，阿列克西教授在这里混淆了法律上的真实与哲学上的真实这两种不同的概念。

阿列克西教授的语义学论证也很有问题，其是建立在一种实证主义的误解之上的：法律规范的文字表述与语义之间总是存在一种客观的对应关系。但是，如前所述，从法律规范的文字表述到法律规范，并不仅仅是一个运用客观的语义学规则、消极被动地去发现的过程，而是解释者积极主

---

❶　Vgl. F Müller, *Juristische Methodik*, Verlag Duncker & Humblot, 1997, Rn. 534.

❷　Vgl. F Müller, *Juristische Methodik*, Verlag Duncker & Humblot, 1997, Rn. 526.

❸　Vgl. Dietrich Busse, *Juristische Semantik*, Duncker & Humblot GmbH, 2010, S. 175.

动的语义化过程。因此，法律规范的文字表述与语义之间并不存在一种客观的对应关系，两者之间的联系是解释者主观结构的产物。

在语义界限的论证中扮演最重要角色的语词使用规则就更不知所云了。按照阿列克西教授的观点，语词使用规则应当经被经验性地定义，但其对如何"经验性地定义"却含糊其词。阿列克西教授试探着提出了三种定义的可能性：语言资质、经验调查与引证词典。但这三种可能性只会招致更大的混乱。语言资质是以社会大众对语言的使用习惯为基础的，经验调查则往往拘泥于法教义学上的流行观点；这些对于法官而言都不具备权威性，否则法官受制定法约束的原则就等同于受大众观点、流行的法教义学观点的约束了。同理，词典对语词的定义对法官没有任何约束力，我们很难想象法官手捧词典、奉之为圭臬办案的情况。

其次，科赫、吕斯曼和赫伯格教授的分析法律理论也存在问题。其所提出的三个候选项的模型预先假定了某种客观语义先于该模型而存在。按照科赫、吕斯曼和赫伯格教授的观点，其模型不过是对这种客观语义的扩展而已；为了确认这一扩展，必须预先知道客观语义。这样分析法律理论也就根本不可能对法律解释做出什么贡献了，因为法律解释的目标就是首先确定法律规范的文字表述的意义何在。

无论是阿列克西教授的理论还是科赫、吕斯曼和赫伯格教授的理论，其实都是基于前述的认知的主体与客体二分的基础之上的：存在一个不依赖于人类意识的认知客体；人类作为认知主体，可以对其加以认知。但是，人类如何对其加以认知呢？以上两种理论均语焉不详。米勒教授的结构法律理论，摒弃了主体与客体二分模式，法律适用者不是去客观地认知预先存在的语义与规范，而是在法律实践活动中通过主观建构去具体化规则的。这不过是另一种版本的哲学诠释学的应用罢了。其无非说明，语义界限的问题就是一个诠释学的问题而已。这就提示我们，论证理论必须回到哲学诠释学上去。本书借此回到通过以哲学诠释学的刑法解释学的本体论来建构论证理论的思路。米勒教授的其他观点，在本书看来就显得不重要了。

四、本书的立场：基于前理解引导下的事理逻辑结构的论证理论

（一）前理解引导下的事理逻辑结构的基本设想

如前所述，"事物的本质"是理念、共相，而具体的案例事实是殊相。法律规范的具体表述，都不过是对"事物的本质"的描述而已。这样看来，法律规范的语义界限，就与"事物的本质"息息相关了。"事物的本质"确定了语义的内涵，而归属于"事物的本质"这一共相下的作为殊相的具体案例事实，则确定了语义的外延。因此，通过"事物的本质"来论证刑法解释学的本体论中具体案例事实到前理解的归纳式的推论的诠释学循环过程，借此确定语义界限，就是顺理成章的了。本书将这种论证称为事理逻辑结构（Sachlogische Struktur）的论证理论，意思是"事物的本质"中即含有在存在论意义上进行论证的理性结构基础。

仅有"事物的本质"，尚不足以进行论证。现实世界中存在的，可供我们进行经验观察与研究的，只是一个个个别的事物而已。对这些个别的事物进行观察，可以发现，其可以归属于不同的共相。举例而言，一个红苹果，可以归属于"水果""果实""植物""红色""物体"等诸多共相。在刑法学中，以非法占有为目的，在实施抢劫过程中先杀害被害人然后劫取财物的行为，可以归属于"犯罪""故意杀人罪""抢劫罪"等构成要件中去。事理逻辑结构的论证理论当然不可能对这些共相一一论证，而只会论证与所要讨论的主题的"事物的本质"相关的内容。这就需要预先根据所要讨论的主题的意义关联，选择与之有关的"事物的本质"，然后再根据"事物的本质"去观察具体案例事实中与之相关的内容。这个选择过程不是

随意的，而是根据前理解进行的。因此，事理逻辑结构的论证理论是在前理解的引导下进行的。两者的相互结合，才能构成完整的论证理论。

（二）类比推理作为"事物的本质"的基本结构

1. "家族相似"与"事物的本质"

所谓"事物的本质"，就是理念、共相。这就带来了一个经典的疑问，共相与殊相、普遍与特殊之间，究竟是按照何种关系加以组织的？

唯名论者，如罗瑟林、培根、司各特、奥卡姆的威廉等，否认共相有真实的存在。"共相后于殊相"（universale post rem）。而柏拉图那样的极端实在论者，则主张共相有其独立不依的真实存在，"共相先于殊相"（universale ante rem）。亚里士多德则主张一种温和的实在论："共相在殊相之中"（universale in re）。❶ 这三种观点相互争论，至今未了。这就是著名的"共相之争"。

维特根斯坦的语言哲学为解决"共相之争"提供了极为有益的见解。在《蓝皮书与褐皮书》中，维特根斯坦注意到"对一般概括的渴求"，并分析这一渴求的原因来自：我们倾向于认为一些事物之所以归在一个一般语词之下是因为它们具有某种共同的特征。他又以"游戏"为例，指出种种游戏并没有一种共同的特征，而是形成了一个家族，这个家族的成员具有某些"家族相似"（family resemblance）之处。一个家族的有些成员有一样的鼻子，另一些有一样的眉毛，还有一些有一样的步态；这些相似之处重叠交叉。与此相似，一个概念之下的各种对象 A、B、C、D 并不具有唯一一种或一组共同性质，而是 A 相似于 B，B 相似于 C，C 相似于 D，等

---

❶ 参见［挪］G. 希尔贝克、［挪］N. 伊耶著：《西方哲学史：从古希腊到二十世纪》，童世俊、郁振华、刘进译，上海译文出版社 2004 年版，第 145 页以下。

等。❶ 在《哲学研究》中，他进一步将"家族相似"的概念扩展到语言：

　　我无意提出所有我们称为语言的东西的共同之处何在，我说的是：我们根本不是因为这些现象有一个共同点而用同一个词来称谓所有这些现象——不过它们通过很多不同的方式具有亲缘关系。由于这一亲缘关系，或由于这些亲缘关系，我们才能把它们都称为"语言"。❷

　　班波罗夫教授认为，维特根斯坦的"家族相似"理论已经解决了通常所谓的共相问题。❸ 根据维特根斯坦的这条思路，我们可以洞见共相，即"事物的本质"的真正结构。以"鸟"这个共相而言，该共相对于所有的成员对象并不是毫无差别的：喜鹊、老鹰是典型的鸟，鸵鸟、企鹅则是非典型的鸟。❹ 由此，"事物的本质"在"家族相似"理论下呈现出这样一种结构：世界上没有完全相同的事物，只存在相互类似的事物，它们按照"家族相似"的原则归属于某个共相。这种归属方式很明显就是类比推理（Analogie），这也符合类推的古希腊文 $\alpha\nu\acute{\alpha}\lambda o\gamma o\varsigma$ 的原意：类似的。因此，"事物的本质"的基础必然是建立在类比推理之上的。

　　2. 类比推理在具体案例事实到前理解的归纳式的推论的诠释学循环过程中的运用

　　具体案例事实到前理解的诠释学循环是一种归纳式的推论过程。具体而言，这种归纳过程是通过以往的具体案例事实与需要解决的新的具体案例事实的等置来进行的。首先，我们从需要解决的具体案例事实出发，根据需要讨论的主题对其做出某种评价，确定具体案例事实的哪些特点对于法律判断是合适的；并大胆地设证，某种新的具体的案例事实，可以归属

---

❶　参见陈嘉映：《语言哲学》，北京大学出版社 2008 年重排版，第 172 页。

❷　[英] 维特根斯坦著：《哲学研究》，陈嘉映译，上海人民出版社 2001 年版，第 48 页。

❸　See Joseph Margolis, Jacques N. Catudal, *The Quarrel Between Invariance and Flux: A Guide for Philosophers and Other Players*, Penn State Press 2001, p. 78.

❹　参见陈嘉映：《语言哲学》，北京大学出版社 2008 年重排版，第 173 页。

到某个相关的"事物的本质"之下，并借此在制定法中寻找相应的规范文本的规范保护目的的解释，这一过程是以前理解为基础来进行的。我们通过前理解进入具体的案例事实中去（注意这一过程并不属于从具体案例事实到前理解的诠释学循环，而是属于从前理解到具体案例事实的诠释学循环）。从具体案例事实到前理解的诠释学循环由此开启。通过以往的案例事实，我们归纳出对"事物的本质"的暂时性的认识。如果通过演绎的方式，可以从对"事物的本质"的暂时性的认识推论出需要解决的新的具体案例事实，那么我们不需要修正对前理解以及对"事物的本质"的认识。如果不能，那么就需要将以往的具体案例事实与需要解决的新的具体案例事实进行等置，以刑法规范所明文规定的规则所指涉的社会生活关系结构与对各种利益情境的思考与权衡作为比较点，比较两者的相似性。这属于一种类比的推理。当我们发现，这两者其实是一种"家族相似"的关系而应该归属到同一种"事物的本质"时，就会意识到原有的对"事物的本质"的暂时性的认识的不足，并通过归纳得出新的、得到了扩展的认识，再借此将假设的前理解修正为正确的前理解。

我们通过前述的某实行抢夺犯罪的艾滋病人手持的带有其血液的针筒是否是《刑法》第267条第2款所指的"凶器"这一例子来说明这一复杂的理解过程。我们首先可以提出所要讨论的主题——带有艾滋病患者血液的针筒是否属于《刑法》第267条第2款所指的"凶器"，然后大胆地设证：带有艾滋病患者血液的针筒就属于"凶器"。然后，我们带着这一前理解进入具体案例事实中。通过对以往的具体案例事实，例如枪支、爆炸物、管制刀具被认定为"凶器"的情形，我们可以归纳出对"凶器"的"事物的本质"的暂时性认识：枪支、爆炸物、管制刀具之类国家禁止个人携带的器械。很显然，由这样的对"凶器"的"事物的本质"的暂时性认识，根本演绎不出带有艾滋病患者血液的针筒属于"凶器"的结论。但是，我们的理解过程并没有到此结束。我们会尝试着将带有艾滋病患者血液的针筒，以刑法规范所明文规定的规则——所有携带"凶器"进行抢夺，虽未使用的也构成抢劫罪，以及该规则所指涉的社会生活关系结构（携带"凶器"进行抢夺具有与抢劫罪相当的侵犯被害人的人身权利的危险性，因此该规则规制社会生活中出现的所有此类行为）为比较点进行等置与类比，看看在这一比较点下，带有艾滋病患者血液的针筒与枪支、爆炸物、管制刀具之类的器械究竟在哪方面具有相似性。我们会发现，针筒属于一种器械，带有艾滋病患者血液的针筒对人身造成伤害或威胁的程度并不亚于枪支、爆炸物、管制刀具之类的器械，而且，根据社会一般观念，带有艾滋病患者血液的针筒与枪支、爆炸物、管制刀具之类的器械一样，其本身没有社会实用价值，完全就是纯粹用于对人身造成伤害或威胁的器械。因此，两者之间在"根据社会一般观念，其本身能够并且纯粹用于对人身造成伤害或威胁的器械"方面具有相似性。也就是说，通过类比推理，两者在这方面具有"家族相似"性。这显然与所要讨论的主题有着意义关联。我们再根据这两者在上述方面的"家族相似"性重新归纳出新的，拓展了对"凶器"的"事物的本质"的认识：根据社会一般观念，其本身能够并且纯粹用于对人身造成伤害或威胁的器械。然后我们再返回到之前的前理解中去，借助这一新的对"凶器"的"事物的本质"的认识，确认其假设的正确性。由此可见，类比推理具有循环性的特征。

　　从这一推论过程可以看出前理解的重要性。如果我们把艾滋病人手持带有其血液的针筒进行抢夺的行为预先理解为"故意杀人罪""投放危险物质罪"，那就根本不会产生带有艾滋病患者血液的针筒是否属于《刑法》第267条第2款所指的"凶器"的问题。如果没有假设"事物的本质"与具体案例事实之间的意义关联的前理解，亦即没有假设的推论，我们根本就不会遇到这一重要的刑法解释问题。❶ 前理解在这里不仅起到了开启诠

---

❶　参见［德］考夫曼著：《法律哲学》，刘幸义等译，法律出版社2004年版，第133页。

释学循环的作用，还正确地确定了讨论主题与问题视域。

（三）类比推理作为论证的基本模式

从上文的分析可以看出，前理解引导下的事理逻辑结构的论证理论是以类比推理为基本方式的。类比推理的理性化体现在两个方面：一是类比推理的结构，二是类比推理的证成。前者涉及的是类比推理的具体运用问题，后者涉及的是一种理性的类比推理需要哪些特有的论证形式与规则的问题，即对于证立某个类比推理而言，有哪些内容要素是需要说明的。类比推理的结构已如前述。而对于类比推理的证成，本书采纳阿列克西教授的任何法律论证都需要区分内部与外部证成的观点，将其划分为类比推理的内部证成与外部证成两方面并分别予以说明。

1. 内部证成

类比推理的内部证成涉及从一定的前提出发通过演绎推导出结论（具体的法律判断）的逻辑有效性问题。其独特之处在于，其所借以出发的规范性前提并不能直接从法律条文中获得，而是解释者主观构建的产物。

类比推理的内部证成的基本归摄图式如下：[1]

（1）$(x)\ (Tx \rightarrow ORx)$

（2）'$(x)\ (Tx \lor Tsimx \rightarrow ORx)$

（1）$(x)\ (Hx \rightarrow Tsimx)$

（2）'$(x)\ (Hx \rightarrow ORx)$

（3）Ha

（4）$ORa\ (1) - (3)$

---

[1]　Vgl. Ulrich Klug, *Juristische Logik*, Springer-Verlag, 1982, S. 127ff.

通过刑法学的案例，❶ 我们可以清楚地理解这个图式。

（1）放火、决水、爆炸以及投放毒害性、放射性、传染病病原体等物质致人重伤、死亡或者使公私财产遭受重大损失的，处十年以上有期徒刑、无期徒刑或者死刑。

（2）′以与放火、决水、爆炸以及投放毒害性、放射性、传染病病原体等物质相类似其他危险方法致人重伤、死亡或者使公私财产遭受重大损失的，处十年以上有期徒刑、无期徒刑或者死刑。

（1）为报复社会，故意驾车冲撞行人，危害不特定多数人的生命、健康安全，其行为与放火、决水、爆炸以及投放毒害性、放射性、传染病病原体等物质的行为相类似。

（2）′该行为应处十年以上有期徒刑、无期徒刑或者死刑。

（3）某司机为报复社会，故意驾车冲撞行人，致一人死亡及两辆机动车不同程度受损。

（4）某司机应被判处十年以上有期徒刑、无期徒刑或者死刑。
（1）—（3）

通过类比推理，我们甚至还可以解决刑法法条根本没有规定的情况，即填补制定法的漏洞。如《刑法》第 67 条第 2 款规定："被采取强制措施的犯罪嫌疑人、被告人和正在服刑的罪犯，如实供述司法机关还未掌握的本人其他罪行的，以自首论。"但对于被处以治安拘留的违法人员在拘留期间主动如实供述司法机关还未掌握的本人的犯罪行为的，未做规定。这就产生了漏洞。其实，借助类比推理，我们可以很轻松地解决这一问题：

（1）被采取强制措施的犯罪嫌疑人、被告人和正在服刑的罪犯，如实供述司法机关还未掌握的本人其他罪行的，以自首论。

---

❶　这个案例属于真实案例，具体案情可参见"南京公交车司机泄愤撞人昨天判死刑"，载《都市快报》2009 年 12 月 12 日。

（2）'与被采取强制措施的犯罪嫌疑人、被告人和正在服刑的罪犯相似的正在被剥夺人身自由的违法者，如实供述司法机关还未掌握的本人的犯罪行为的，以自首论。

（1）被处以治安拘留的违法人员在拘留期间主动如实供述司法机关还未掌握的本人的犯罪行为的行为，与被采取强制措施的犯罪嫌疑人、被告人和正在服刑的罪犯，如实供述司法机关还未掌握的本人其他罪行的行为相类似。

（2）'该行为应以自首论。

（3）某被处以治安拘留的违法人员在拘留期间主动如实供述司法机关还未掌握的本人的犯罪行为的行为。

（4）某人应以自首论。（1）——（3）

2. 外部证成

我们对于类比推理的内部证成很快就会产生疑问：从关系本体论的视角来看，世界上任何事物之间都可能具备相似性。刑法的具体案例事实也是如此。这一情形不仅产生于事实的复杂性，也产生于规范的复杂性。就事实的复杂性来说，具体案例事实是可以用语句来描述的一种事实状态，那么就极端意义而言，只要描述两个具体案例事实的语句的交集不是空集，两者就是相似的。而描述一个具体案例事实的语句可能是无穷尽的，因此不存在完全不同的具体案例事实。就规范的复杂性而言，刑法的体系不一定是完全融贯的，很可能存在规范交叉、价值重叠、法条竞合的情况，以致对某个疑难案件而言，基于某种相似性与某个具体案例事实相似，基于其他的相似性又与另一个具体案例事实相似。这样一来，类比推理很可能会变得无边无际，把不应当包括进来的事物包括进来，从而得出不当的结论。在刑法解释学中不被允许的类推就是其中的一个典型表现。

类比推理的内部证成的这一缺陷在对《刑法》第 236 条规定的强奸罪

的推论中暴露无遗：

（1）以暴力、胁迫或者其他手段强奸妇女的，处三年以上十年以下有期徒刑。

（2）'以暴力、胁迫或者其他手段强奸妇女或与妇女具有相似性的男性的，处三年以上十年以下有期徒刑。

（1）以暴力、胁迫或者其他手段强奸男性的行为，与以暴力、胁迫或者其他手段强奸妇女的行为相类似。

（2）'该行为应处三年以上十年以下有期徒刑。

（3）某女以暴力、胁迫或者其他手段强行与某男发生性关系。

（4）某女应处三年以上十年以下有期徒刑。（1）—（3）

显然，这属于刑法解释学中不被允许的类推。

由此可见，为了确保类比推理的结论的适当性，有必要限制相似性的范围，将其限制在可接受的程度。我们需要判断，需要处理的具体案例事实与刑法规范所规定的案件情形是否具有相关的相似性。也就是说，在类比推理时不是盲目地根据任何一种相似性来推理，而是与刑法规范所规定的案件情形有意义关联的那种相似性。那么如何确定"与刑法规范所规定的案件情形有意义关联的那种相似性"呢？这就是类比推理的外部证成所要解决的问题。

如前所述，"事物的本质"是理念、共相，而具体的案例事实是殊相。法律规范的具体表述，都不过是对"事物的本质"的描述而已。刑法规范也是如此，刑法规范所规定的案件情形，也就是对所要规范的社会事实的本质的描述而已。由此可见，与刑法规范所规定的案件情形有意义关联的那种相似性，需要由该刑法规范所描述的"事物的本质"来确定。"事物的本质"确定了处理具体案件事实的问题视域，只有符合"事物的本质"的事实特征才能被刑法规范所考虑。

从刑法解释学的本体论的角度来看，对"事物的本质"的理解必然是从前理解开始的。前理解通过对"事物的本质"的预先把握，实现了对刑法条文与规范的含义的一种预先把握。而前理解又是从具体案例事实出发的，这就意味着，前理解必然对刑法条文与规范和具体案例事实之间的意义关联作出一种判断。这种判断的依据，可能是语义的、历史的、体系的，但最终还是目的论的，即对"事物的本质"所规范的社会生活关系的本质描述。这就可以作为确定与刑法规范所规定的案件情形有意义关联的那种相似性的依据。

通过这样的外部证成，我们就可以适当地将类比推理所使用的相似性限制在刑法规范所规定的案件情形所需要的范围内。女性强奸女性、男性强奸男性、女性强奸男性的具体案件事实永远不会被归摄到强奸罪这一罪名之下，因为《刑法》第 236 条的条文所描述的关于强奸的"事物的本质"所规范的社会生活关系，很明显仅限制在男性强奸女性的情形上，其仅欲对男性侵犯女性的性自主权这种社会生活事实进行规范而已。女性强奸女性、男性强奸男性、女性强奸男性的行为与男性强奸女性的行为的确在行为、社会危害性、规范保护目的等诸多方面具有相似性，但《刑法》第 236 条的条文所描述的关于强奸的"事物的本质"及其所规范的社会生活关系确定了其仅考虑男性强奸女性侵犯女性的性自主权的情形。这就意味着，其为《刑法》第 236 条所规定的强奸罪所确定的在类比推理时应当作为比较点的相似性，仅限于男性强奸女性侵犯女性的性自主权的行为的不同手段、方式与表现形式之间的比较，❶ 其余的相似性一概不予考虑。刑事法官通过多年的法学教育、审判实践等形成的对强奸罪的前理解，当

---

❶ 例如，男性以暴力手段强行与女性发生性关系、男性以胁迫手段强行与女性发生性关系、男性与缺乏辨别是非能力的幼女发生性关系、男性与缺乏正常的认识与辨别能力的女精神病患者发生性关系的行为，在男性侵犯女性的性自主权方面具有相似性，而且均以"男性强奸女性、侵犯女性的性自主权"的事实特征作为殊相归属在《刑法》第 236 条的条文所描述的关于强奸的"事物的本质"这一共相之下，从而为《刑法》第 236 条所规定的强奸罪所归摄。

然早已将这种认识包括在内。因此其在对刑法条文与规范和具体案例事实之间的关系作出判断时，自然而然地就会将女性强奸女性、男性强奸男性、女性强奸男性的具体案件事实排斥出强奸罪的范围。对《刑法》第237条所规定的强制猥亵、侮辱妇女罪也可做同样解释。该条所描述的关于强制猥亵、侮辱妇女的"事物的本质"，从描述的表述来看，白纸黑字明明确确地限定在对象是"妇女"的情形上，这就意味着强制猥亵、侮辱男性的行为，不符合该条所描述的关于强制猥亵、侮辱妇女的"事物的本质"，因此不能为该条所规定的强制猥亵、侮辱妇女罪所归摄。

那么，前理解究竟是如何理解刑法条文或规范所描述的"事物的本质"，从中提取与刑法规范所规定的案件情形有意义关联的那种相似性，并借此对刑法条文与规范和具体案例事实之间的关系作出判断的呢？首先，应当考虑语义学的因素。刑法条文与规范的明确文字表述限制了前理解对"事物的本质"的理解方式。比如，《刑法》第237条规定的文字表述，清楚地将强制猥亵、侮辱妇女罪的对象限于妇女，前理解自然不可能将其理解为男性。其次，前理解应当考虑刑法规范所明文规定的规则所指涉的社会生活关系结构，对各种利益情境进行把握与权衡。比如，《刑法》第114、115条中的"公共安全"所指涉的是对不特定多数人的生命、健康或者重大公私财产安全，借此，前理解应该很容易地将危害不特定多数人的生命、健康或者重大公私财产安全的放火、决水、爆炸以及投放危险物质行为与单纯的故意杀人、过失杀人、故意毁坏财物等行为区别开来。最后，需要指出的是，前述的前理解的来源是在最大限度上影响前理解的因素：刑事法官的法学学习过程、其后从职业经验中以及职业经验外所取得的知识、其个人的特殊角色以及兴趣点，乃至于其出身、年龄、社会态度等均会对前理解产生影响。这些因素的影响究竟有多大，至今尚未解决。

由此可以看出，类比推理的过程受前理解之类的非理性因素的影响，其推理结果多多少少可能会带有或然性的特征。但这并不会影响论证的精确性。从不存在完全精确、理性的对象，刑事法官的刑事裁判也是如此。但这并不排斥人们对之进行某种程度的（当然不可能是100%）精确的、理性的思考。因此，论证中有非理性、或然性的因素并不可怕；不能正视这一事实，不能用理性的思考去对待这些问题才是可怕的。这正如哈塞默尔教授所说的，"要理性地考虑非理性之事"。❶

（四）类比推理与类型的关系

最后，需要研究一下类比推理与类型之间的关系。如果我们承认类型是"事物的本质"的思维方式，而后者又是基于相似性的类比推理之上的；那么类比推理也必然成为类型的根本思考方式，类型思维也就必然是建立在类比推理之上的，反过来也可以说，类比推理是通过类型来进行的。❷

那么，类型根据何种原则进行类比推理呢？答案就是前述的"家族相似"理论，它消解了奠基于具体案例事实的比较之上的类型如何对外延对象进行分类归属之难题。这种理论假定：已经在法律上做出规定的情形与尚未做出法律规定的情形之间的区别尚未达到可以区别对待的程度。以刑法为例，我们可以将至今不受刑罚处罚（Straflos）的案例 A 与受刑罚处罚（Strafbar）的案例 B 相比较，当案例 C 出现时，可以比较其与 A 还是 B 更为类似。如果案例 C 与案例 A 比与案例 B 更为类似，那么就不属于案例 B 而属于案例 A 所属的类型，因此不具备可罚性；反之，则不属于案例 A 而

❶ Winfried Hassemer, *Theorie und Soziologie des Verbrechens: Ansätze zu einer praxisorientierten Rechtgutlehre*, Europäische Verlagsanstalt, 1973, S. 244.

❷ 拉伦茨教授与考夫曼教授均同意这一点。Vgl. Karl Larenz · Claus-Wilhelm Canaris, Methodenlehre der Rechtswissenschaft, 3 Aufl., Springer-Verlag 1995, S. 202.

属于案例 B 所属的类型，因此具有可罚性。❶

"家族相似"理论不仅适用于类型的外延对象，还适用于类型自身的构成要素。如前所述，类型是构成要素之构造，而类型的构成要素是需要在一个历史性的视域中不断加以填补的。填补的方法之一，就是参照既有的构成要素，根据"家族相似"理论类推出新的构成要素对类型加以填补。因此，"家族相似"理论能够促进类型的自我更新与不断丰富。

通过以上分析，我们就可以明确类比推理在法律中特别是在刑法中的地位。不仅传统的刑法解释理论完全拒绝类比推理，很多国家的刑法典也都明文规定禁止类比推理。但是这只不过是一座"立法者与解释者天真的纪念碑"罢了。正如考夫曼教授所指出的，我们容许法律解释，也容许扩张解释，但却禁止类比推理，这在本质上就是一种天真。对于可允许的解释与被禁止的类比推理进行实质上的界定是根本没有可行性的。从根本性质上来说，这二者无法区分。❷ 因为，当我们说，解释可以及于"可能的文义"时，其实我们已经处在类比推理之中了，因为这种"可能的文义"既非单义亦非相当，而只是一种类似。历史经验已告诉我们，没有任何地方可以真正做到禁止类比推理，所以严格的禁止类比推理，结果正与禁止解释一样，完全不起任何作用。❸ 所以，在一切法律中（当然也包括刑法），不存在应该不应该适用类比推理的问题，只存在应当在什么样的框架之中适用类比推理的问题。❹

我们现在可以明确罪刑法定原则的真实含义了。它不可能禁止一切形

---

❶　Vgl. Detlef Leenen, *Typus und Rechtsfindung*, Verlag von Duncker & Humblot, Berlin, 1971, S. 99.

❷　Vgl. Gerhard Sigloch, *Die Analogie als rechtstheoretischer Grundbegriff*, Fjm 1982, S. 119.

❸　Vgl. Arthur Kaufmann, *Analogie und "Natur der Sache"*, 2 Aufl., R. v. Decker & C. F. Müller Heidelberg 1982, S. 5.

❹　Vgl. Gerhard Sigloch, *Die Analogie als rechtstheoretischer Grundbegriff*, Fjm 1982, S. 119.

式的类推，因为这样必须有一个先决要件，那就是犯罪在立法的构成要件中，透过单义的概念，总结地被定义，但这是不可能的。罪刑法定原则，是指将可处罚的行为的类型，由一个形式的刑法加以确定，也就是说必须完整地被描述。因此，刑法解释学中类比推理的界限在于立法的构成要件所奠基的不法类型中。❶

这样的理论当然会招致种种误解和批评。最常见的一种误解批评就是，这样通过类比推理进行的类推适用取消了立法的构成要件对发动刑罚的限制，刑法对国民而言不再具有预测可能性。这样的观点没有搞清楚：不是立法的构成要件限制发动刑罚，而是"事物的本质"限制发动刑罚。"事物的本质"确定了类型的视域，只有符合"事物的本质"的生活经验材料才能被给予类型。所以，我们可以将财产性利益通过类比推理解释为刑法典第 264 条盗窃罪中的"财物"，因为其符合"财物"的"事物的本质"；但将男性强迫与男性、女性强迫与女性乃至女性强迫与男性发生性关系通过类比推理解释为刑法典第 236 条的强奸罪就是不允许的，因为该条所体现出的"事物的本质"仅限于男人强迫与女人发生性关系的情形。这一点，在上文中已经说得很清楚了。

通过以上分析，我们可以下这样一个总结：在任何法律（当然主要是在刑法中）中，只要符合"事物的本质"，而且处于立法构成要件所奠基的类型之中，那么通过类比推理进行类推适用就是被允许的，"事物的本质"确定了类型的界限，而类型又构成了类比推理的限制性框架，这是一切基于类型的法律解释的思考方式。

（五）结论

现在我们可以很容易地了解前理解引导下的事理逻辑结构的论证理论

---

❶ 参见［德］考夫曼著：《法律哲学》，刘幸义等译，法律出版社 2004 年版，第 193 页。

的全貌了。所谓事理逻辑结构的论证理论，就是含有在存在论意义上进行论证的理性结构基础。这个存在论意义上的理性结构基础就是"事物的本质"。刑法规范就是对作为共相的"事物的本质"的描述，而具体的案例事实则作为殊相归属于其下。具体的案例事实在"事物的本质"中的排列结构属于一种"家族相似"的构造，这就意味着，"事物的本质"的基础表现出类比推理的特征。事理逻辑结构的论证理论就是建立在类比推理之上的。类比推理的界限，就是"事物的本质"为其所确定的与刑法规范所规定的案件情形有意义关联的那种相似性，这种相似性是通过前理解对刑法条文与规范和具体案例事实之间的意义关联做出的判断确定的。类型作为"事物的本质"的思维方式，受其影响也表现出类比推理的特征。因此，以上前理解引导下的事理逻辑结构的论证理论在类型中的表现就是根据"事物的本质"，在刑法立法构成要件所奠基的不法类型之中，通过类比推理进行类推适用的过程。只要不超出刑法立法构成要件所奠基的不法类型，类比推理根据上述的相似性进行推论的范围就确定了"事物的本质"的外延。由于刑法规范所使用的语词其实就是对"事物的本质"的描述，因此类比推理的界限也确定了刑法条文与规范的语义的外延，不法类型的界限就是语义可能性的界限。

前理解视域下的刑法解释与续造

一、基于前理解的见解：解释与续造有差别吗？

刑事法官的任务在于探讨刑法意旨，并将其适用于具体案例事实以实现刑法维护社会肯定的规范性的行为期待，创造社会的法秩序的和平性的功能。探讨刑法意旨的活动就是法学方法论上所说的找法活动（Rechts-gewinnung）。这是一个为了处理具体案例事实，而获取其刑法规范上的大前提（Obersatz）的活动。该活动通常被区分为刑法解释与续造两个阶段。关于法律解释与续造的区分及其关系的讨论构成了法学方法论上的主要课题之一。许多法学方法论的研究者，花费了很多时间与精力，企图在这两者之间划出一条明确的界限。按照这些学者的观点，这两者之间有着同一的任务，即探求法律条文的旨趣，并确认（或寻找）适当的规范。但任务之同一并不意味着两者本身是同一、无差别的。因为法律解释与续造之间虽然存在上述的重要的相同特征，但对于"法律的可能的文义"，两者之间存在重要区别：法律解释仅仅在法律条文的可能的文义范围之内寻找规范；而法律续造则在法律条文的可能的文义范围之外，试图填补制定法的漏洞，因此是纯粹的法官造法。考虑到实务上，有些部门法对法官造法有一定程度的限制，因此，在法学方法论上区分法律解释与续造就很有必要了。鉴于刑法在部门法中的特殊性质，区分刑法解释与续造就显得更为必要了。

但从基于哲学诠释学的刑法解释学的本体论的角度来观察，以上观点是不能成立的。所谓"法律的可能的文义"这样的表述，预设了刑法条文与规范存在某种"自在存在的东西"。说穿了，这不过就是前述的认知的主体与客体二分法的翻版：刑法条文与规范存在一个不依赖于人类意识而"自在存在"的认知客体（"可能的文义"）；人类作为认知主体，可以对其加以认知，理解因此是超越主体的。参与理解过程的主体与其说是在积极主动地构建这些认知客体，倒不如说是在消极被动地接受它们。这是典型的方法论思维而非本体论思维。在以前理解为核心的主客体统一的认知模式看来，在人类生活领域的任何传承物，在每一个新的时代，都面临着新的问题，具有新的意义；因此都必须重新理解，重新加以解释。传承物始终通过不断更新的意义来表现自己，这种意义就是对新问题的回答；而新问题之所以产生，那是因为历史进程在不断变化、发展、进步，原有的意义难以跟上其需要的缘故。❶ 理解的这种历史性结构引发了"应用"（application）的问题，即将文本与当下相联系的诠释学功能。这就意味着，解释者必须始终把要理解的文本置入当下的情境，刑法的解释者必须不断地为刑法条文与规范寻找与做出解释时的社会中占主导地位的、有生命力的观念最能相符的语义。❷ 因此，解释者总是以不同的方式在理解；理解不只是一种复制的行为，而始终是一种创造性的行为。❸ 理解即意味着"不同的理解"，意味着超越原有的视域，创造新的视域。这样看来，预设刑法文本与规范具有一种不依赖于解释的意义本身，并借此来区分

---

❶ 参见洪汉鼎：《诠释学——它的历史和当代发展》，人民出版社 2001 年版，第 219 页。

❷ 参见［德］齐佩利乌斯著：《法学方法论》，金振豹译，法律出版社 2010 年版，第 33 页。

❸ 参见［德］汉斯-格奥尔格·伽达默尔著：《诠释学——真理与方法（Ⅰ）》，洪汉鼎译，商务印书馆 2007 年版，第 403 页。

对这种意义的认知性行为（刑法解释）与超越这种意义的创造性行为（刑法续造）未免过于天真。从基于哲学诠释学的刑法解释学的本体论的角度来看，刑法文本与规范根本不存在这样一种不依赖于解释的意义。任何理解与解释都是创造性的，都是一个与不断出现的新的案件事实情境及占主导地位的社会伦理观念的变迁相适应的过程。因此在刑法解释与续造之间的区分既无可能，也没有意义。当然，说刑法文本与规范不存在不依赖于解释的意义，刑法解释与续造之间没有界限，并不就意味着刑法解释与续造可以天马行空，无边无际，而是要受整个法秩序的基本原则的制约；刑法解释与续造所得出的解释结论不是没有范围限制的，如违反罪刑法定原则的刑法解释与续造是不被许可的。

因此，刑法解释与续造在本质上没有什么不同；如果硬要说两者有什么差异的话，倒不如将其看作同一思考过程的不同阶段。❶ 也就是说，如果是首次，或偏离之前的解释结论的情形，则刑事法官单纯的法律解释已经是一种续造；另外，超越所谓的"法律的可能的文义"的刑法续造，不过是超越了之前的解释结论所形成的定性思维而已，广义而言，这种续造仍然需要运用解释性的方法。

二、刑法的漏洞填补

把注意力集中在刑法实践的刑法学，其首要任务就是进行刑法解释。在今天，刑法学界乃至整个法学界均已普遍承认，在立法时无论如何审慎，刑法乃至全部部门法均不能对其所调整的所有事件提供答案。换言之，法律是必然有"漏洞"的。长久以来，法官也被承认具有填补法律漏

---

❶ Vgl. Karl Larenz · Claus-Wilhelm Canaris, *Methodenlehre der Rechtswissenschaft*, 3 Aufl., Springer-Verlag, 1995, S. 187.

洞的权限。❶ 因此，通过刑法解释来填补刑法的漏洞，既是刑事法官的权力，又是其义务。

本书所讨论的并非一般的刑法解释的方法论，而是本体论。那么，刑法解释学的本体论能够用来填补刑法的哪些漏洞呢？一般而言，在法学方法论上，刑法的漏洞分为以下几种。❷

1. 因立法政策上或技术上的缺失导致的法外漏洞（Lücken extra legem）

法外漏洞的填补往往是依靠类比推理来进行的。由于《刑法》第 3 条所规定的罪刑法定原则，此等法外漏洞的填补受到严格限制。一般而言，只有有利于行为人的类比推理方能获得许可，不利于行为人的类比推理是被严格禁止的。❸ 这是一个纯粹的刑法解释学的方法论问题，并不需要刑法解释学的本体论的介入。

2. 法内漏洞（Lücken intra legem）

（1）授权式类推适用。授权式类推适用是一种法律拟制，指刑法明文规定将某构成要件的法律效果适用于与该构成要件相似的另一构成要件。刑法的立法者对在立法时已经预见到的值得科处刑罚的具有社会危害性的行为，在由于立法技术等原因而无法赋予其独立的罪名与构成要件的情况下，一般将其拟制为与之最相类似的另一犯罪，并适用该罪的刑罚，以严密刑事法网，弥补规范漏洞。❹《刑法》第 267 条第 2 款将携带凶器抢夺的行为拟制为抢劫罪就是一个典型例子。很显然，这是一个通过类推适用去

---

❶　Vgl. Karl Larenz · Claus-Wilhelm Canaris, *Methodenlehre der Rechtswissenschaft*, 3 Aufl., Springer-Verlag, 1995, S. 187.

❷　参见黄茂荣：《法学方法与现代民法》，法律出版社 2007 年版，第 378 页以下。

❸　参见张明楷：《刑法学》，法律出版社 2011 年版，第 57 页。

❹　参见张明楷：《刑法分则的解释原理（下）》，中国人民大学出版社 2011 年版，第 631 页。

填补刑法的漏洞的方法，属于方法论的层次。

（2）需要评价性地予以补充的法律用语。刑法上的用语除了少数例外以外（例如数字、未成年人、幼女、近亲属等），其内容通常都是不确定的，从而其外延的范围显得并不明确。比如，"暴力""胁迫"这样在刑法分则中频频出现、经常使用的概念，由于刑法分则的条文欠缺有关程度、对象要求的明文规定，因此外延显得难以确定，语义界限的扩展会变得无边无际。❶ 又比如，《刑法》第301条第1款中"聚众进行淫乱活动的"这样的规定的含义也显得暧昧不清。聚众淫乱中的"淫乱"，究竟是指自然性交行为，还是包括其他寻求刺激、兴奋、满足性欲的行为呢？如果包括，那么这种行为的界限何在？类似的情况举不胜举。前述的"高阶模糊性"，就是指这种情况。其实，这些用语所描述的，往往不是封闭的概念，而是具有开放结构的类型，在适用到具体案例事实前，需要评价性地补充其特征。这一情形使其在适用时表现出如下特征：语义界限显得游移不定，刑法解释与续造的界限模糊不清。刑法解释学的方法论本身无法回答这一问题，需要借助本书在前面提到过的刑法解释学的本体论的相关理论来解决。

刑事法官在刑法漏洞之有无的认定与填补的操作上，应取向于价值及生活事实，并符合价值与事理的要求。这具有双重含义：既要一般地取向于生活事实之性质，又要具体地取向于要处理的具体案例事实。❷ 所谓生活事实之性质，就是前述的"事物的本质"，代表了刑法的价值追求。认为一个正确的刑法漏洞填补活动必须是超然于任何价值之外的理想，在规范上是没有意义甚至有害的。因为脱离价值的刑法解释及其适用，很容易演变成恶法亦法的蛮横主张。刑法解释及其适用如果与生活类型性质所反

---

❶ 参见张明楷：《刑法分则的解释原理（下）》，中国人民大学出版社2011年版，第783页以下。

❷ 参见黄茂荣：《法学方法与现代民法》，法律出版社2007年版，第463页。

映的事理（类型形塑的对"事物的本质"认识）相脱节，那便会变为指鹿为马似的强词夺理。此外，仅强调价值的追求，而不脚踏实地地研究如何将该价值通过刑法体系与制度道道地地贯彻到日常生活中来，价值就会沦为可疑的口号，刑法就会失去伦理的说服力而变得威而无信。● 因此，刑法漏洞的填补，必须实现"事物的本质"与具体案例事实的调和。由此看来，刑法漏洞的填补在本体论上与前述的刑法解释的本体论没有任何不同；都是借助类型这种思维工具，通过类比推理的方式，在"事物的本质"与具体案例事实之间往返流转的过程。这个过程是受前理解的引导的，"刑法条文与规范存在漏洞"本身就是一种前理解，没有这样的前理解，我们根本不会有刑法条文与规范存在漏洞的意识，因此这种前理解引导着我们的漏洞填补过程。

如前所述，通过类型进行的类比推理在刑法解释的过程中扮演着核心要素的角色。这种通过类型进行的类比推理可以称为类型化的案例比较。❷ 类型化的案例比较过程在刑法解释活动与漏洞填补活动中是以同样的方式进行的，一方面确定要比较的具体案例事实之间的一致要素，另一方面要确定这些具体案例事实之间的不一致之处，然后秉着对实质上相同的案例同等对待、对实质上不同的案例不同等对待的原则进行权衡比较。比较点则来自前理解从刑法条文或规范所描述的"事物的本质"中提取与刑法规范所规定的案件情形有意义关联的相似性。因此，类型化的案例比较体现为一种诠释学考量方法。

刑法漏洞的填补并不是没有界限的，社会公众是通过刑法条文与规范的语词来认知刑法的，因此刑法解释与续造乃至漏洞填补的范围不能超越刑法条文与规范的语词的含义即语义。如前所述，刑法解释学的本体论不

● 参见黄茂荣：《法学方法与现代民法》，法律出版社 2007 年版，第 463 页。

❷ 参见 [德] 齐佩利乌斯著：《法学方法论》，金振豹译，法律出版社 2010 年版，第 104 页。

承认语义有一种完全客观的存在，而是一种主客观因素的共同建构的结果。"事物的本质"为通过类型进行的类比推理即类型化的案例比较划定了意义范围的边界，类型化的案例比较又为"事物的本质"确定了外延。由于刑法条文与规范是对"事物的本质"的类型化描述，因此"事物的本质"决定了刑法条文与规范的语词的含义即语义的内涵；类型化的案例比较确定了"事物的本质"的外延，因此就确定了语义的外延。由此看来，符合"事物的本质"，在立法构成要件所奠基的不法类型中进行的类比推理是在刑法条文与规范的语义空间中进行的。类型化的案例比较在此借此体现为：某个需要处理的具体案例事实，依据一定的类型，是否可以纳入某一刑法条文与规范的语义空间中去。我们可以将这个具体案例事实与毫无疑问处于该刑法条文与规范的语义空间中的具体案例事实进行比较，然后就要考虑是否应对其做相同的评价，将其归属于该刑法条文与规范所描述的"事物的本质"之下。如果答案是"是"，那么我们对"事物的本质"的内涵与外延就有了新的扩展性认识，从而对语义的内涵与外延有了新的扩展性认识。由此可见，刑法解释与续造乃至漏洞填补的过程，本质上都是刑法条文与规范的语义的精确化问题。刑法条文与规范的语义界限的确在随着我们对"事物的本质"认识的不断加深而扩展，因此并不存在绝对确定的精确性；但是其外延的扩展方式与大体框架是存在并且可以认知的，因此存在相对的精确性。这样看来，并不存在所谓"高阶模糊性"的情况。

在本书看来，所谓的"高阶模糊性"，其实是对刑法解释的融贯性的一种误解性反应罢了。刑法条文与规范的语义的精确化并不是在一次解释过程中一蹴而就的，而是一个历史发展的过程。❶ 具体而言，按照德沃金的看法，刑法解释是一种融贯性解释，分为前诠释阶段、诠释阶段和后诠

---

❶ 参见［德］齐佩利乌斯著：《法学方法论》，金振豹译，法律出版社 2010 年版，第 33 页。

释阶段。在前诠释阶段，刑事法官根据具体的案例事实情况确定作为暂时的固定点的刑法条文与规范的含义。在这一阶段，暂时固定点的确认受法官前理解的制约，法官的前理解蕴含着对过去刑事司法实践中的对该刑法条文与规范的语义界限的继受。诠释阶段是刑事法官根据前诠释阶段所确认的实践要素解释刑法条文与规范的过程，这一阶段要求刑事法官的解释符合过去的语义界限。后诠释阶段，刑事法官根据解释结果调整或修正自己最初的前理解，并借此对刑法条文与规范的语义界限作出新的理解与发展。❶ 所谓的"高阶模糊性"不是没有观察到刑法解释的这种融贯性，而是固执地错误地认为，刑法解释的确定性，就是指刑法条文与规范的语义界限应当是僵死的、不变的，是能够通过某种方法一劳永逸地加以完全确定的；而现实中刑法解释的融贯性及其所导致的语义界限的相对灵活性，是对刑法解释的确定性的违背，因此刑法解释没有确定性。这显然是以孤立、片面、静止的眼光去观察自身在历史中不断发展的事物，因此难言妥当。

通过以上论述，结合第二至五章有关刑法解释学的本体论以及前理解的相关内容，我们很容易就能考察第一章所论述的刑法解释学中的各种方法论争议。第一个问题：刑法解释与续造的合理性与界限何在、如何应对"高阶模糊性"的质疑，这个问题已经在上文中解决了；下面来解决第二与第三个问题：主观解释论与客观解释论、形式解释论与实质解释论之争的问题。

三、前理解对主观解释论与客观解释论之争的解决

在伽达默尔看来，理解不在于通过体验某个陌生意识而重构某个陌生的心理上的东西。哲学诠释学所强调要理解的东西，不是作为生命环节的思想或作者的意图，而是作为真理的思想。理解与解释的任务显然不是复

---

❶　参见林立：《法学方法论与德沃金》，中国政法大学出版社2002年版，第185页以下。

制与重构原来的思想，而是阐明与揭示具有真理性的思想。这正如老师在向学生传授欧几里得的几何学时，他绝不是在复制与重构欧几里得的意图，而是阐明具有真理性的几何原理一样。另外，要真正阐明过去的真理或历史的真理，绝不是单纯地重复或复制过去的东西或历史的东西；过去的真理或历史的真理之所以对我们而言是真理，绝不是因为它们过去是真理，现在不是真理，而是真正的真理永远是过去与现在的综合。❶ 哲学诠释学的这一思想深深地影响了刑法解释学的本体论，为我们解决主观解释论与客观解释论之争提供了一把思想上的钥匙。

从基于哲学诠释学的刑法解释学的本体论来看，由于解释者的前理解引导着对刑法文本的理解，每一种解释都可以看作其当下意识的"应用"，因此对刑法文本的解释乃是一个解释者再创造的过程。解释不是再现文本的作者的意图的行为，而是一种将过去与现在综合的创造性行为。❷ 从这点来看，主观解释将解释理解为再现刑法典的作者的立法意图这一观点就是片面的。但是，客观解释完全忽视历史上的立法者意图也是不妥当的。根本就不存在所谓纯然客观的、无任何偏见的解释。刑法解释学本体论揭示了对刑法文本的解释乃是一个在历史的漫漫长河中不断更新发展的过程，其体现为过去的理解与现在的理解的辩证综合。过去的传统、立法者的意图、前人的学说与解释，作为任何刑法解释的背景，都在不同程度上影响着我们的前理解，制约着我们的视域，这就是所谓的"效果历史"（Wirkungsgechichte）意识。解释者在解释时都会遇到刑法文本与当下现实之间的张力。其解决之道在于：必须认为在解释的过程中有两种不同的视域：刑法文本的视域和解释者自己的视域。理解既不是让解释者抛弃自己的视域去进入刑法文本作者的视域（所谓的主观解释），也不是解释者抛

❶ 参见洪汉鼎：《诠释学——它的历史和当代发展》，人民出版社 2001 年版，第 217 页以下。

❷ 参见 [德] 阿图尔·考夫曼、温弗里德·哈斯默尔主编：《当代法哲学和法律理论导论》，郑永流译，法律出版社 2002 年版，第 372 页。

弃刑法文本作者的视域去进入自己的视域（所谓的客观解释），而是必须扩大自己的视域，使它与其他的视域交融，这就是所谓的"视域融合"（Horizontverschmelzung）。其融合的结果就是更大的视域的出现，这种新的视域又是新一轮解释的出发点（又形成了一种新的前理解）。❶ 理解其实总是这样一些被误认为是独自存在的视域的融合过程。❷

以前述的"同性卖淫案"为例。当刑事法官对同性之间的性交易是否属于刑法典第 358 条第 1 款中的"卖淫"心存疑虑时，实际上他的前理解和视域乃至对于"卖淫"的整个理解，就都受到了过去的传统和见解这种效果历史意识的影响了。他必须考虑到过去的刑法文本的作者以及解释者的历史处境——那时候同性之间的性交易寥寥无几，在他们的视域里还没有组织同性之间的性交易是否应当受刑事处罚这样的问题意识。但是在当下，同性之间的性交易已是司空见惯，人们在日常语言中已经习惯用"卖淫"称呼这一现象了。因此，他就必须将自己的视域与过去的立法者和解释者的视域相融合，从而导致拓宽了的更大的视域。基于这样的视域，他对同性之间的性交易是否属于刑法典第 358 条第 1 款中的"卖淫"做出了不同于前人的解释，这就做到了既理解前人的观点又超出前人的观点，并成为新一轮解释的出发点。

综上所述，主观解释论与客观解释论均有其部分的真理，因此都不能毫无保留地予以接受。刑法解释的最终目标只能是：探求刑法条文与规范在当下的整体法秩序中的意义。只有同时考虑历史上的立法者的立法意图及其具体的规范设想，而不是将其完全忽视，方能正确地确定刑法条文与规范在法秩序上的标准意义。这一意义是一种在前理解引导下的思考过程

---

❶ See Robert J. Dostal, *The Cambridge Companion to Gadamer*, Cambridge University Press, 2002, p. 133.

❷ 参见 [德] 汉斯-格奥尔格·伽达默尔著：《真理与方法——哲学诠释学的基本特征》（上），洪汉鼎译，商务印书馆 2007 年版，第 416 页。

的结果。在这一过程中，所有"主观""客观"的要素均被考量，而且这个过程得出的结论马上又会成为新的起点，因此这一过程原则上并没有终极的终点。❶

四、前理解对形式解释论与实质解释论之争的解决

按照哲学诠释学的观点，有效的理解与解释活动不仅是创造性的解释，也是一种情境化的解释，即任何解释都是特定情境中的解释，情境是解释的出发点。解释所追求的并不是外在于人类生存的、绝对的、永恒的真理，而是情境化的、在具体的社会生活关系中不断调整的合理性的理解。解释总是在具体的情境中进行的，或者说解释实际上是通过解释者的言语行为与其解释情境之间的互动与循环来实现的。这一具体情境能够影响我们的前理解。按照伽达默尔的看法，对意义的每一种理解都是从人的历史情境中的前理解的给定性出发的有限的理解。❷ 这一观点体现在语言上，就意味着任何言说者对语言的使用都充满着对该语言的前理解。言说者所使用的语言，并不是纯然客观的公共语言，而是在具体的诠释学情境中展开的，蕴含其所言谈的事件的个别化因素的交往语言。所言谈的事件所处的历史时代、文化背景、社会舆论、生活体验等都会成为语言的理解和运用的诠释学情境，规定着或影响着人们对语言的运用。任何一个言说者总是在具体的诠释学情境中来理解和运用语言的。因此，言说者或听读者对语言的理解和运用总是在由具体的诠释学情境所规定的前理解中展开的；而前理解反过来又导致了将对语言的理解和运用限制在具体的诠释学情境中。因此，要理解或分析语词的意义，就必须将其置于特定的用法情

---

❶ Vgl. Karl Larenz · Claus‑Wilhelm Canaris, *Methodenlehre der Rechtswissenschaft*, 3 Aufl., Springer‑Verlag, 1995, S. 237.

❷ 参见［德］伽达默尔著：《哲学解释学》，洪汉鼎译，上海译文出版社 1994 年版，第 42 页。

境中去。

根据这样的观点，就不难洞见形式解释论与实质解释论之争的无意义性了。从哲学诠释学的角度来看，刑法解释学本身乃是一种历史情境主义的诠释学。刑事法官的前理解，如前所述，要受到具体案例事实乃至他的社会周围环境、出身和教育的影响。他的视域也是由其"被抛入"（Ge-worfenheit）的具体案例事实的具体历史情境决定的。围绕特定的具体案例事实所形成的情境形成了刑事法官对刑法条文与规范的语义及刑事裁判的确定性的认识。刑事法官如果要实现对刑法条文与规范的语义的理解与分析，就必须将其置于特定的具体案例事实所形成特定的用法情境中去。这样一来，形式解释论与实质解释论之争的无意义性就立即浮现在我们的眼前了：特定的具体案例事实所形成的具体情境确定了对刑法条文与规范的语义的前理解，这就意味着对刑法条文与规范的语义的理解就有了"具体问题具体分析"的特征，刑事法官就要根据不同的具体情况不断地去选择与之契合的解释立场。那又如何能够武断地用某一种解释立场去以偏概全，宣称无论何时何地何种情况，这种解释立场都能无条件地适用而且能保证得出正确的解释结论呢？无论是形式解释论还是实质解释论的主张，实际上都拒绝了刑事法官根据特定的具体案例事实所形成的具体情境选择对刑法条文与规范的语义的前理解的可能性。

从前理解的意义上来说，形式解释论与实质解释论虽然拒绝前理解，但其自身就是一种前理解。形式解释论与实质解释论是以要求解释者全面地理解解释中的立场选择这一问题的面貌出现的，但是其自身却拒绝一切不符合自己的视角（前理解）的理论。其理论看起来面面俱到，动辄以全面理解来要求他人，但其自身却偏狭之至。无论是形式解释论还是实质解释论的主张，都要求将其自己的前理解强加到解释者的身上。结果就是，

其非但不能促进理解，反而会使理解却步。❶

或许，有论者会提出，刑事法官从特定的具体案例事实所形成的具体情境中所得出的对刑法条文与规范的语义的解释仅仅是一种片面性的、个人的理解，并不具备形式解释论与实质解释论自称具有的那种全面的、深刻的效应。形式解释论与实质解释论就算是一种前理解，也是全面的、深刻的前理解，总比特定的具体案例事实所形成的具体情境带给刑事法官的那种片面性的、个人的前理解要好。这种观点并没有认识到人类理解的交流本质。任何前理解都是个体化的，但前理解的效应却不仅仅是个体化的。理解的结果往往会随着理解者与其他理解者的交流而实现"视域融合"。刑事法官在特定的具体案例事实所形成的具体情境中形成了其个人的前理解，但并不代表其一开始形成的某种前理解及其内容贯穿整个解释过程的始终。在特定的具体案例事实所形成的具体情境中，还存在其他的理解者：被告人、检察官、律师、被害人、社会舆论、新闻媒体等，他们从其自身的视角出发，也有各自的前理解。不同的前理解导致的认知结果之间的理性交流，能够促使不同的理解者认识到，绝不能自说自话，而是要相互理解、相互对话。每个理解者在面对他人的不同观点时，切不可简单粗暴地加以拒绝，而是要尝试着通过理解实现相互之间的对话，尝试着将自己的视域与他人的视域加以融合，得出超越自己超越他人的结论。由此可见，从理解者交流的视角出发，前理解反倒是有效地克服片面性的重要方式。刑事法官完全可以在跟其他的理解者进行交流的基础上，吸纳对方的合理观点，摒弃自己与对方观点的不合理之处，通过"视域融合"不断地扩大自己的视域，从而形成新的前理解与新的解释结论，进而不断地加深对刑法的认识。总而言之，刑事法官不借助前理解，就无法理解刑

---

❶ 参见谢晖：《法律的意义追问——诠释学视野中的法哲学》，商务印书馆 2004 年版，第 271 页。

法；不进行交流，也就难以全面深刻地理解刑法。[1]

　　形式解释论与实质解释论则试图在对刑法的认知和理解中拒绝前理解。这一做法不可能导致不同的前理解之认知结果之间的交流，因此，其在总体上还是秉持着将理解与解释刑法当作某种个人理解的立场，而忘记了不同的理解者之间通过不同的前理解的交流可以实现对刑法的更为深入理解的可能性。[2] 由此看来，刑事法官从特定的具体案例事实所形成的具体情境中所形成的前理解与得出的解释结论是全面的、深刻的；形式解释论与实质解释论则反倒是片面的、个人的。

---

[1]　参见谢晖：《法律的意义追问——诠释学视野中的法哲学》，商务印书馆 2004 年版，第 272 页。

[2]　参见谢晖：《法律的意义追问——诠释学视野中的法哲学》，商务印书馆 2004 年版，第 273 页。

前理解对刑法解释的方法选择问题的解决

一、法学方法论对解释方法选择的多元主义论辩

(一) 刑法解释方法的多元性

关于法律解释的方法，自从萨维尼提出法律解释的四要素之后，其就一直成为法律解释所探讨的核心内容之一。这四个要素就是语法要素、逻辑要素、历史要素与体系要素。在现代，这四种要素已经发展为语法解释、逻辑或体系解释、历史解释和目的解释这四种解释方法；❶ 并以此为基础，发展出了其他一些下位的解释方法，如扩大解释、缩小解释、当然解释、反对解释、补正解释、比较解释。❷ 有关这些解释方法的具体含义，文献上的论著甚多，本书在这里不再赘述。❸

刑法解释具有不同于其他法律解释的特殊性，因为刑法关系到对于公民的生杀予夺，所以不可以不严格解释，这也是罪刑法定原则这一刑法的帝王条款的题中应有之意。关于各种刑法解释方法之间的关系，在法学方

---

❶ 参见 [德] 卡尔·恩吉施著：《法律思维导论》，郑永流译，法律出版社 2003 年版，第 87 页。

❷ 参见张明楷：《刑法分则的解释原理（上）》，中国人民大学出版社 2011 年版，第 43 页。

❸ 具体可参见杨仁寿：《法学方法论》，中国政法大学出版社 1999 年版，第 101 页以下。

法论上基本达成了如下共识。❶

（1）严格意义上的刑法解释都是在以待解释的刑法条文与规范的语义界限内进行的。在刑法的适用偏离了这一原则，将某一刑法条文与规范适用到该刑法条文与规范的语义明显不包括的情形中去时，如果是有利于行为人，那尚有讨论的余地；如果是不利于行为人，那么就构成对罪刑法定原则的违反，必须予以坚决拒绝。

（2）原则上，刑法解释也不得与显然可确认的立法者的目的与目的的适当性发生明显的冲突，因为那样就意味着刑事法官以自己的刑法上的政治决断取代了立法者的政治决断。

（3）在刑法条文与规范的语义界限与目的许可的情形下，刑事法官所选择的刑法解释还必须保证被解释的刑法条文与规范不与更高位阶的规范（比如宪法）相抵触，否则这种解释方法的选择即为无效。解释方法的选择应当尽力维护所要解释的刑法条文与规范在整个法律体系中的有效性。此外，解释方法的选择也要保证所要解释的刑法条文与规范与同位阶的其他条文与规范的一致性，避免发生相互抵触的现象。

在做了上述限定之后，有关刑法解释方法的选择的论辩仍然没有解决所有问题，尚需做出进一步的选择。这是因为，前述的种种解释方法，并没有为一切刑法解释问题的最终解决提供精确完满的解释工具。在所要解释的刑法条文与规范的语词的语义空间内，诸多解释方法呈现出竞争性的特征，有各种各样的理由要求选择这种或那种的解释。这些理由有时候是相互补充的，但大多数情形却是相互抵触的。这就出现了刑法解释方法的位阶关系问题。

以著名的"诽谤韩愈案"为例。台湾"刑法"第312条规定了诽谤死人罪："对于已死之人，犯诽谤罪者，处一年以下有期徒刑、拘役或一千

---

❶ 参见［德］齐佩利乌斯著：《法学方法论》，金振豹译，法律出版社2010年版，第17页。

元以下罚金。"台湾文人郭寿华在《潮州文献》杂志上撰文《韩文公苏东坡给与潮州后人的观感》，文中提到韩愈"妻妾之外，不免消磨于风花雪月，曾在潮州染风流病，以致体力过度消耗，及后误信方士硫黄下补剂。离潮州不久，果卒于硫黄中毒"。韩愈第三十九代孙韩思道，视为奇耻大辱，遂向台北地方法院提起自诉，刑事法官判决郭寿华构成对韩愈的诽谤罪，罚金300元。郭寿华不服上诉，台湾高等法院维持原判，此案遂告定谳。❶

　　该案的争点在于对"死人"的理解，这涉及不同解释方法之间的选择问题。法律实证主义往往采取扩大解释的方法，固守字面含义，"死人"指一切已经故去之人，哪怕是几千年前的人物也当然包括在内；但评价法学则主张采取缩小解释的方法，认为台湾"刑法"第312条规定的诽谤死人罪的目的在于保护后人的追忆孝思，亡故既久，后人的追忆孝思已经淡然，所以应对"死人"的含义做合理的限制，以不妨碍言论自由。❷体系解释方法则宣称，台湾"刑事诉讼法"第234条第5款规定对于诽谤死人罪，死者之直系血亲有告诉权。而对"直系血亲"的范围，仅有台湾"民法"第967条第1款规定："称直系血亲者，谓己身所从出，或从己身所出之血亲"，并无年代限制，况且台湾"民法"制定之初的亲属法审查意见书第3点指出："亲属不规定范围。"由此可见，任何直系血亲，无论年代久远，均有告诉权。由此可以推论，将"死人"的含义加以限缩解释，并无道理。❸可谓是众说纷纭，莫衷一是。

　　普珀教授对此曾经下过一个颇为无奈的结论："在具体个案中，当数个解释方法分别导出对立的结论时，为了要决定应采哪一种解释，方法论

---

❶ 参见杨仁寿：《法学方法论》，中国政法大学出版社1999年版，第3页以下。
❷ 参见林东茂：《刑法综览》，中国人民大学出版社2009年版，第274页。
❸ 参见杨仁寿：《法学方法论》，中国政法大学出版社1999年版，第4页。

长久以来都在努力试着订出各种解释方法间的抽象顺位，但是并没有成功。"❶

（二）刑法解释方法的多元性的原因

从哲学诠释学的角度观察，无论是在理论上还是实践上，解释法律的方法都是多元的。如前所述，任何理解与解释都不可避免是前理解渗入其中的活动。能够抛开前理解的理解与解释并不存在，前理解是人类的理解与解释活动的前提条件。所以，前理解对于人类的理解与解释活动从来都是在场而非缺席的。刑法解释的活动，当然也包括刑法解释方法的选择，都是前理解在场的活动。然而，前理解在场的刑法解释活动不但使刑法解释本身变得丰富多彩，而且也为其带来了错综复杂的因素。因为前理解本身是复杂的，不同的理解者的前理解，总是随着理解者个人以及其被抛入的具体案例事实的不同而表现出差异。当解释者将其前理解带入刑法解释活动时，刑法解释方法的多样性就在情理之中了。❷

法律是人类的创造，但是法律并非出自人类的主观臆造，而是出自人类对法所反映的"事物的本质"的把握与认知。这种把握与认知从内部观点来看是对"事物的本质"所产生的法的规定性的批判性审视，仅着眼于法律系统内部的论证，并不触及法律系统以外的事物；而从外部观点来看，这种把握与认知必须采取超越法律系统的立场。❸ 从根本上来说，人类的法律产生于人类生存的自然秩序，这种自然秩序从来都不是仅仅涉及

---

❶ ［德］英格博格·普珀著：《法学思维小课堂》，蔡圣伟译，北京大学出版社 2011 年版，第 78 页。

❷ 参见谢晖：《法律的意义追问——诠释学视野中的法哲学》，商务印书馆 2004 年版，第 424 页。

❸ 参见［德］阿图尔·考夫曼、温弗里德·哈斯默尔主编：《当代法哲学和法律理论导论》，郑永流译，法律出版社 2002 年版，第 4 页。

人类自身的，而是同时也涉及人与自然界、社会的种种对象之间的关系。因此，人类必须根据自身与对象的规定性，来创造人类社会的法律秩序。由此看来，无论是法律的创造者还是解释者，都必须把眼光放在实定法之外寻求法的正当性根据。

但是，只要解释者将视野转移到与其相关的事物的规定性即"事物的本质"上去，那么就必然导致法律解释方法的多元性。因为生活世界中的事物是无限的，事物内部的规定性即"事物的本质"也是无限的。解释者只能从自己的经验性视域中去探寻不同事物的法的规定性。"事物的本质"因此就表现得宛如一张普洛透斯之脸，向某个解释者展现其某个方面，又向另一个解释者展现其他方面……对法律解释方法的选择就随着"事物的本质"在历史进程中不断展现的多元性中呈现出多元性。对刑法的解释当然也是如此。

（三）结论

刑法解释方法在刑法解释中的地位与作用是有限的、非终局性的；刑法解释结论的得出在终极层面上即刑法解释学的本体论上，并不依靠刑法解释方法。刑法解释方法仅仅告诉解释者，通过选择某种方法，可以获得某种解释结论，但并不能证明这种解释结论的正当性；在解释活动中，当解释者面临不止一种方法时，刑法解释方法本身也无法为究竟是选择此种方法还是彼种方法、各种方法之间是否有一定的排序与位阶提供理由。一言以蔽之，刑法解释方法本身并不具备对方法进行判断、选择的功能，因此就无法对因不同的解释方法而产生的不同结论进行合理性判断，进而作出最佳选择，刑法解释方法是价值中立的。❶ 因此，解释者必须从别的地方去寻找刑法解释的方法选择的正当性、合理性的根据。

---

❶ 参见林维：《刑法解释的权力分析》，中国人民公安大学出版社 2006 年版，第 82 页以下。

二、前理解视域下的刑法解释的方法选择

(一) 刑法解释的方法选择标准——前理解引导下的目的解释

如果从刑法解释学的本体论来观察刑法解释的方法选择问题，就会发现，刑法解释的方法选择是高度依赖于前理解的。

如前所述，在各种刑法解释方法往往相互抵触的情况下，很难认为在其之间存在某种为理性所要求的严格次序，不过，确定一种"相对"的次序却是有可能的。❶

具体来说，从刑法解释学的本体论角度来观察，解释者并不是根据一个固定不变的标准与次序来确定采取何种刑法解释方法；而是先验地对解释结论有了某种判断，然后再选择采用一个特定的解释方法来证明其所得出的解释结论的正当性。解释者不是通过某种特定的解释方法来得出某种正确的解释结论，而是通过其认为适当的解释方法去论证预先获得的判断与实证法的一致性。埃塞教授对此概括道："实务——此对事实进行审判的主管机构（Tatsacheninstanz）而言更为明显——并非来自法律发现的教义学方法，其利用方法只是为了根据其对法律和事实的理解，依照常法（lege artis）去论证最为适当的裁判。"❷ 由此可见，刑法解释的方法选择并不是一种客观的纯粹的逻辑推演，而是一种理性的预先的价值选择。这一过程不用说是通过前理解来进行的。

那么，前理解是如何进行预先的价值选择而先验地对解释结论作出在

---

❶ Vgl. Franz Bydlinski, *Juristische Methodenlehre und Rechtsbegriff*, Springer－Verlag Wien New York, 2 Aufl., Springer－Verlag 1991, S. 558ff.

❷ Vgl. Josef Esser, *Vorverständnis und Methodenwahl in der Rechtsfindung*, Athenäum－verl, 1970, S. 7.

先的判断并据此选择解释方法的呢？这涉及刑法条文与规范做类型化描述的"事物的本质"。"事物的本质"体现为亟待法律调整的社会生活事实内部所蕴含的规制这一社会生活关系的具体的规定性。而刑法条文与规范本身，不过是对这种规定性的摹画；刑法条文与规范的解释与适用，不过是想借助这种规定性来规制具体案例事实而已。因此，刑法本身是目的性的，即刑法不过是调整一定的社会生活关系、稳定社会的行为期待的制度规范，是维系社会运转、回应社会需要的制度工具；其调整社会生活关系的依据，是借助该社会生活关系所体现的"事物的本质"得出的。❶ 借此可以得出，"事物的本质"内部所蕴含的规制某种社会生活关系的具体的规定性，确定了旨在调整这种社会生活关系刑法条文与规范的目的；这种目的是价值性的，被作为刑法的追求，同时也作为对刑法作用方向的约束。前理解对"事物的本质"所作出的预先把握，当然包括对其内部所蕴含的规制某种社会生活关系的具体的规定性的理解，借此，其对作为"事物的本质"的类型化描述的刑法条文与规范的目的，也就有了预先的理解与判断。

借助以上观点重新审视刑法解释方法的选择问题，那么至少可以明确一点：目的解释具有关键性的地位，❷ 因此高于其他解释方法；其他的解释方法之间并无次序高低，而是共同组成了一种开放的决定空间，即进行不同选择与评价的可能性；❸ 目的解释借助对需要被解释刑法条文与规范的客观目的的理解，再在这些解释方法中选择与其最契合的一种。这样的次序并不是绝对的，因为其没有对目的解释以外的解释方法的次序作出绝对性的断言；而是"相对"的，因为其不仅确定了目的解释的优位性，还

---

❶ Vgl. Karl Larenz · Claus – Wilhelm Canaris, *Methodenlehre der Rechtswissenschaft*, 3 Aufl., Springer-Verlag, 1995, S. 153.

❷ 参见张明楷：《刑法分则的解释原理（上）》，中国人民大学出版社 2011 年版，第 45 页。

❸ 参见［德］齐佩利乌斯著：《法学方法论》，金振豹译，法律出版社 2010 年版，第 90 页。

为其他的解释方法的选择提供了一定的标准；刑法条文与规范的客观目的不同，解释方法的选择也随之变化，因此这一标准带有"偶连性"的特征。

需要指出的是，张明楷教授对此批判道：目的解释虽相较其他解释方法具有优位性，但并不意味着不受任何限制。突破语义界限，进行实质推理的解释，在刑法中是不可取的。所有的刑法解释，除了有利于行为人的类推适用以外，都不能超越刑法条文与规范的语义界限，否则就违反了罪刑法定原则，无论其多么符合刑法条文与规范，都不可采纳。因此文理解释优先于目的解释。❶ 这一批判看起来非常有理，实际上却是似是而非。如前所述，"事物的本质"既能够确定语义的内涵，又能确定语义的外延，"事物的本质"的外延就是语义的界限，"事物的本质"内部所蕴含的规制某种社会生活关系的具体的规定性也就不可能超越语义界限，作为这种规定性在刑法条文与规范中的体现的客观目的，就更不可能超越语义界限了。因此，张明楷教授的批判的价值，不在于其所主张的文理解释相对于目的解释的优位性，而在于提醒我们，客观目的必须从"事物的本质"中萃取而已。

（二）前理解引导下的解释方法选择详述

所谓"目的解释"（Die teleologische Auslegung），指的是根据刑法规范的目的，阐明刑法条文与规范的真实含义的解释方法。❷ 这里的目的（Zweck）并不是立者的规定意向与目的（历史的、主观的目的），而是指刑法自身所追求的目的，比如保护法益、维护社会的法秩序的和平、正当地裁判案件、完善地权衡各种利益关系。之所以称其为客观的目的，是

---

❶　参见张明楷：《刑法分则的解释原理（上）》，中国人民大学出版社 2011 年版，第 46 页。

❷　Vgl. Harro Otto, *Grundkurs Strafrecht: Allgemeine Strafrechtslehre*, de Gruyter, 2004, S. 28.

因为立法者在立法时是否意识到了此一目的，并不重要。❶ 此一目的，必须是"符合事理"（sachgemäss）的，也就是说，必须来自刑法条文与规范做类型化描述的"事物的本质"内部所蕴含的规制某种社会生活关系的具体的规定性。❷ 只有预设刑法条文与规范有此目的，才能借助一定的解释方法获得对具体案例事实而言"适当的"解释结论。

因此，客观目的的决定标准就是刑法条文与规范所欲规制的社会生活事实领域的基本结构，即所谓的"事物的本质"。❸ 刑法条文与规范"并不是一种专断地覆盖在事实之上的形式，而是从被规制的社会生活领域的事理结构（Sachstruktur）中得出的整理与安排前者的结论"。❹ 这就是前述的"事物的本质"内部所蕴含的，规制某种社会生活关系的具体的规定性。这种规定性所指涉的领域构成了刑法条文与规范的保护目的所及的"规范范围"。这些规范范围已经包含了一定的事物上的组织结构以及规范性要素。借此，刑法条文与规范的客观目的及其范围就可以得到确定。这一标准在刑法上至关重要，因为刑法调整的生活领域虽然相当广泛，但刑法本身却往往缺乏足够的资料来界定其所规制的生活领域的特征及其保护范围，此时只能诉诸"事物的本质"所确定的规范范围。例如，《刑法》第

---

❶ Vgl. Karl Larenz · Claus－Wilhelm Canaris, *Methodenlehre der Rechtswissenschaft*, 3 Aufl., Springer－Verlag, 1995, S. 153f.

❷ 考夫曼教授对此评述道："'目的解释'的本质在于：它并非以抽象定义的法律概念，而是以隐藏其后的类型来进行操作的，它是从'事物的本质'来进行论证的。" Vgl. Arthur Kaufmann, *Analogie und "Natur der Sache"*, 2 Aufl., R. v. Decker & C. F. Müller Heidelberg 1982, S. 51.

❸ 拉伦茨教授认为，某些法伦理性的原则也属于客观目的的决定标准，因为只有借助这些原则方可掌握并表述规制与法律理念之间的意义关联。Vgl. Karl Larenz · Claus－Wilhelm Canaris, *Methodenlehre der Rechtswissenschaft*, 3 Aufl., Springer－Verlag, 1995, S. 154. 考虑到任何法律解释（不仅仅是刑法解释）以及法律解释的方法论都要考虑这一因素，本书不认为其是刑法解释学的本体论层面所特有的用来确定客观目的的标准，故略而不论。

❹ Vgl. F Müller, *Normstruktur und Normativität*, Verlag Duncker & Humblot, 1966, S. 141.

363 条第 1 款规定了制作、复制、出版、贩卖、传播淫秽物品牟利罪。第 364 条第 1 款规定了传播淫秽物品罪，第 367 条第 1 款则规定了对"淫秽物品"的定义："本法所称淫秽物品，是指具体描绘性行为或者露骨宣扬色情的诲淫性的书刊、影片、录像带、录音带、图片及其他淫秽物品。"第 3 款又规定："包含有色情内容的有艺术价值的文学、艺术作品不视为淫秽物品。"那么，究竟什么是"包含有色情内容的有艺术价值的文学、艺术作品"呢？刑法自身当然不可能将所有用来判断的资料列举无遗，解释者只能诉诸文学与艺术的生活领域的"事物的本质"来确定。

立法与司法活动都是有目的的活动，法学的最高使命就是探究法律的目的。我国《刑法》第 1 条规定："为了惩罚犯罪，保护人民，根据宪法，结合我国同犯罪作斗争的具体经验及实际情况，制定本法。"第 2 条又规定："中华人民共和国刑法的任务，是用刑罚同一切犯罪行为作斗争，以保卫国家安全，保卫人民民主专政的政权和社会主义制度，保护国有财产和劳动群众集体所有的财产，保护公民私人所有的财产，保护公民的人身权利、民主权利和其他权利，维护社会秩序、经济秩序，保障社会主义建设事业的顺利进行。"以此来看，目的是刑法的创造者，刑法是国家为了达到特定目的而制定的，刑法的每个条文特别是规定具体犯罪与法定刑的分则性条文的产生，都是源于一个具体目的。刑法学的最高使命，就是探究刑法的目的。因此，目的解释对于其他解释方法具有优位性。其他解释方法所得出结论的适当性，应当由目的解释来最终决定。在此意义上说，目的解释并不是一种解释方法，倒不如说是一种解释方向或解释规则。❶ 总而言之，"阐释从本质上讲是为一个目的做记录"，❷ "规则及

---

❶ 参见张明楷：《刑法分则的解释原理（上）》，中国人民大学出版社 2011 年版，第 83 页。

❷ ［美］德沃金著：《法律帝国》，李常青译，徐宗英校，中国大百科全书出版社 1996 年版，第 54 页。

其他各种形式的法一旦被创设，则应当根据其服务的目标被解释、阐述和适用"。❶

但是，从哪里获得对目的的评价呢？不同的学说有不同的观点，本书从以哲学诠释学为基础的刑法解释学的本体论的角度出发，认为对目的的评价是通过前理解进行的价值判断获得的。进行目的解释，就意味着解释者在采用各种解释方法，使用不同的解释技巧之前，就对目的有了一种预先判断。拉德布鲁赫教授对此有一番精辟的论述："解释就是结论——它自己的结论。只有在已经得出结论时，才选定解释手段。所谓解释手段的作用事实上只是在于事后从文本当中为已经作出的对文本的创造性补充寻求根据。所谓解释手段的作用事实上只是在于事后从文本当中为已经做出的对文本的创造性补充寻求根据。不论这一创造性补充内容如何，总是会存在这样或那样的解释手段，比如类比推理或反面推理，可以为其提供根据。"❷ 换句话说，刑事法官在面对具体案例事实时，在考虑采用什么样的解释方法之前，就已经对需要解释的刑法条文及规范的客观目的有了前理解。这种前理解来自其司法经验、法意识、正义感等，引导着其对具体案例事实的理解与解释方法的选择，是一种价值判断，刑事法官借此来从价值中立的解释方法中作出选择。❸

有了作为价值判断的前理解，刑事法官自然就能在价值中立的解释方法之间游刃有余了。"法律规则应该根据其目的来解释。当法律条文字面含义的使用损害到它的目的时，那么这个规则就当经由解释排除直接适

---

❶ ［美］罗伯特·S. 萨默斯著：《美国实用工具主义法理学》，柯华庆、舒国滢译，中国法制出版社 2010 年版，第 215 页。

❷ 参见［德］齐佩利乌斯著：《法学方法论》，金振豹译，法律出版社 2010 年版，第 17 页以下。

❸ Vgl. Josef Esser, *Vorverständnis und Methodenwahl in der Rechtsfindung*, Athenäum-verl, 1970, S. 71ff.

用。同样，如果法律的精神能够借由规则适用而得以实现，则法官应当给予这个规则以扩张解释。"❶ 总而言之，刑事法官选择哪一种解释方法，都是由前理解确定的刑法条文与规范的客观目的决定的。

通过一个例子，我们可以更容易地理解这一复杂的理解过程。假设，某公园外张贴告示，禁止车辆进入公园。"车辆"在这里应做何解释呢？是否应当包括自行车、三轮车甚至玩具汽车呢？很显然，"车辆"一词具有开放性的结构，其语义的边界并不容易把握。仅仅依靠解释方法本身，就会陷入一种"公说公有理，婆说婆有理"的窘境。其实，通过"禁止车辆进入公园"所规制的生活关系的"事物的本质"，我们可以发现该条禁令的客观目的：保护公园的安宁与游人的安全。当我们通过前理解认识到这一目的时，就可以以之作为解释标准。将"车辆"扩大解释为所有的车辆，显然属于矫枉过正；将"车辆"限制为可能对公园的安宁与游人的安全构成妨害的车辆，显然比扩大的解释要合理。因此，在这里对"车辆"一词适用缩小解释的方法是最适当的。根据该条禁令的客观目的，我们甚至可以运用类推解释，将"车辆"扩大到飞行机械：一切可能对公园的安宁与游人的安全构成妨害的飞行机械，比如发出震耳欲聋的噪声、贴近地面飞行而有可能对公园游人的生命与健康安全构成威胁的直升机、飞艇等。

再回到本章开始的"诽谤韩愈案"，该案判决的无稽就非常明显了。台湾"刑法"第312条规定的诽谤死人罪，其规范保护目的显然是保护后人对死者的追忆孝思。但是，这种生活关系并不是永久存在的。死者亡故

---

❶　[美]劳伦斯·索伦著：《法理词汇：法学院学生的工具箱》，王凌皞译，中国政法大学出版社2010年版，第222页。

既久，后人的追忆孝思已经淡然，这是事物的自然之理，毋庸论证。❶ 换句话说，后人对死者的追忆孝思这种社会关系的"事物的本质"本身就包括了后人的追忆孝思必然淡化，故对后人的追忆孝思淡化到一定程度的死者的否定性评价不可能再对死者后人造成伤害。❷ 刑事法官借着对此一目的的前理解，自然应选择缩小解释方法来限制"死者"的范围，并借助体系解释方法限制台湾"刑事诉讼法"第234条第5款中"直系血亲"的范围。但该案法官却拘泥于刑法用语的表面文义，死扣字眼，始终不敢对立法目的与用语的概念定义下价值判断，乞灵于价值中立，自身不能提供判断与选择标准的解释方法，焉有不闹笑话之理？

---

❶ 后人对死者的追忆孝思淡然并不意味着后人对死者就没有任何感情存在，崇敬就是一种感情。"诽谤韩愈案"的告诉人韩思道，在本书看来，并不是因为对韩愈的追忆孝思而起诉（此人从未跟韩愈生活在一起过，韩愈的音容笑貌、言谈举止一概不知，有何"追忆"可言？又有何"孝思"可言？），而是因为对死者的崇敬与景仰而起诉。

❷ 死者虽已逝去，但其残留在社会的影响并不一定会立即消失。其名誉权在近亲属身上有所谓的"反射利益"，也就是说，死者名誉权受到侵害，也会连累其近亲属的名誉权受到损害。但时过境迁，死者在社会的残留影响与痕迹消失殆尽，其名誉权在近亲属身上的"反射利益"也就不复存在，自然不会再连累近亲属的名誉权了。

前理解作为刑事裁判的实践理性保障

一、刑事司法系统的自治性与刑事裁判的可信赖性

（一）刑事司法系统的自治性

按照卢曼的系统论的观点，现代社会的功能分化使法律子系统成为全社会的一个子系统，发挥着其特有的维持社会的规范性的行为期待的功能。由于刑法所保护的是社会的最核心的利益与价值，因此可以认为，法律子系统中的刑事司法系统发挥着维持社会的最根本、最重要的规范性的行为期待的功能。

刑事司法系统包括所有与刑事司法有关的社会沟通，刑事司法系统借以将这种沟通与其他的社会沟通区分开来的依据就是合法（Recht）与不合法（Unrecht）这组二元符码。❶ 刑事司法系统的全部运作就是这组符码的应用，刑事司法系统就是一个通过区分和判断法与不法而形成，并因合法与不合法这组二元符码的不断使用而持续存在的系统。需要指出的是，法律子系统也是通过这一组符码将该系统内的沟通与其他的社会沟通加以

---

❶ 参见［德］鲁曼著：《社会中的法》，李君韬译，台湾五南图书出版有限公司 2009 年版，第 89 页。

区分的，但是刑事司法系统运用这组符码的方式却不同于法律子系统中的其他系统。合法与不合法这组符码的运用要求回答特定行为是合法还是不合法的问题，这种回答不能是肆意的，而必须依据一定的标准，这种标准就是所谓的纲要（Programme），其包括立法、司法判例等，其决定了合法与不合法这组符码在法律子系统的运用中是否被正确分配。❶ 我们可以很容易地推论出，法律子系统中的各个系统的纲要是不一样的：刑事司法系统以刑事立法、刑事司法判例等为纲要，而民事司法系统则以民事立法、民事司法判例等为纲要。法律子系统中的各个系统的纲要的不同决定了合法与不合法这组符码的运用方式在这些系统中的不同。例如，民事司法系统可能会倾向于使用合法与不合法这组符码中的"合法"，而刑事司法系统则可能会倾向于使用"不合法"；一个抢劫杀人的事件，民事司法系统会将其作为民法上的侵权行为来对待，而刑事司法系统则会将其作为刑法上的"不合法"的犯罪行为来对待。❷

符码与纲要构成了刑事司法系统的两大支柱。刑事司法系统借此将所有不属于这个系统的社会沟通排斥出去，成为这个系统的"环境"。这就意味着，刑事司法系统的沟通只能在其内部进行，刑事司法系统与其环境乃至与其他社会子系统之间都不能进行沟通。因此，无论是道德、宗教、政治还是科学等，都不能直接干预刑事司法系统的运作。这样刑事司法系统就变成了一种运作上封闭的，自我指涉、自我再生产（autopoesis）的系统。刑事司法系统也就具有了自治性的特征：这种自治性并不是指刑法条文与规范内容的独特性，刑事法官、检察官、律师在职业上的独立性或者刑事司法上的形式主义，而是指刑事司法作为一个社会功能子系统在功能

---

❶ 参见［德］鲁曼著：《社会中的法》，李君韬译，台湾五南图书出版有限公司2009年版，第216页以下。

❷ See Michael King, Chris Thornhill, *Niklas Luhmann's Theory of Politics and Law*, PALGRAVE MACMILLAN, 2003, p. 56.

上的特定性与运作上的封闭性。

值得一提的是，刑事司法系统的自治性并非意味着与其他社会领域的完全隔离，因为如果离开了社会这个环境，刑事法律的存在就失去了意义。刑事司法系统需要应对社会中的各种利益诉求与纠纷，以及个人的思想与行动的不确定性。因此，刑事司法系统在认知上又是具有开放性的，其必须观察社会环境乃至其他子系统对其的影响（所谓的"激扰 Störung"），并以其自身特有的运作机制去对这种激扰做出回应。由此看来，刑事司法系统自治性并不是指完全不受道德、宗教、政治与科学等因素的任何影响，而是指其运作过程不直接受这些因素的干预（运作上的封闭性），刑事司法系统是以自身的运作机制去回应这些因素对其的间接影响（认知上的开放性）。

用一个例子可以说明刑事司法系统的自治性的这种复杂特性。以著名的佘祥林杀妻冤案为例，❶ 佘祥林被指控杀害其妻张在玉，而被京山县法院以故意杀人罪判处有期徒刑 15 年，荆门市中级人民法院裁定驳回上诉，维持原判。孰料 11 年后，其妻张在玉突然重新出现，公安机关通过 DNA 鉴定证实了她的身份。对社会环境中的这一事件，从科学子系统的角度观察，佘祥林已不可能是杀妻凶手；从道德子系统的角度观察，佘祥林清白无辜。从这两个子系统的观察结果，不难得出这样的结论：过去的刑事裁判是错误的，佘祥林应被释放。但从刑事司法系统的角度观察，科学子系统与道德子系统的观察结论并不能直接决定过去的刑事裁判的有效性，换句话说，不能仅仅凭借张在玉重新出现，佘祥林清白无辜就直接宣告过去的刑事裁判无效。科学子系统与道德子系统的观察结论，对于刑事司法系统而言，只是一种激扰。刑事司法系统面对此激扰时，必须根据其自身的运作机制做出反应：由荆门市中级人民法院撤销一审判决和二审裁定，京

---

❶　关于佘祥林杀妻冤案，参见于一夫："佘祥林冤案检讨"，载《南方周末》2005 年 4 月 14 日。

山县法院重审此案并宣判佘祥林无罪。直到此时，过去的刑事裁判方为无效，佘祥林在刑法上方能确定为无罪。

刑事司法系统的自治性，对于刑事司法系统自身而言具有重要意义。首先，刑事司法系统的自治性这一特征标志着刑事司法自身的稳定性、逻辑自洽性和刑事法律适用一致性的提高；其次，通过在刑法与宗教、道德、政治、科学等领域之间划分出一定的界限，刑事司法系统的自治性也为刑事法治的形成和发展提供了条件；最后，也是最重要的一点，刑事司法系统的自治性通过以上两点，实现了该系统维持社会的最根本、最重要的规范性的行为期待的功能：通过刑法与宗教、道德、政治、科学等领域之间的分离，确保刑事司法系统不仅只调整与之相关的事件、排斥与之无关的事件，而且还在其所欲实现的社会功能上不与宗教、道德、政治、科学等子系统的所欲实现的社会功能混淆；而刑事司法自身的稳定性、逻辑自洽性和刑事法律适用的一致性，又保证了其社会功能实现的稳定性。总而言之，刑事司法系统的自治性确保了该系统的维持社会的最根本、最重要的规范性的行为期待的功能的真正实现。

如前所述，刑事司法系统具有自治性，而其对社会环境中发生的事件的回应是通过刑事裁判进行的。刑事司法系统通过开放性的认知，接受社会环境中发生事件的刺激，再通过封闭性的运作，生产出对这一事件的回应——刑事裁判。因此，刑事司法系统的自治性是通过刑事裁判集中体现出来的。而刑事司法系统的自治性确定了该系统所承载的社会功能，该社会功能所确定的规范性的行为期待又是通过刑事裁判的执行得到实现的，当且仅当刑事裁判得到执行时，刑法规范才有效，规范性的行为期待才不会落空。因此也可以说，而刑事司法系统的功能最终是通过刑事裁判实现的。刑法的解释、刑法解释立场的选择乃至刑法解释方法的选择，并不是刑事法官的漫无目的的向壁虚构，其作为刑事司法系统的一部分，最终也是在刑事裁判中得到体现的。因此，刑事裁判在刑事司法系统中，扮演核心角色，具有中心地位。

（二）刑事裁判的可信赖性

刑事裁判若欲正确地扮演在刑事司法系统中的角色，发挥其中心作用，那就必须具备可信赖性，也就是信任性和可接受性。不具备信任性和可接受性的刑事裁判，非但不能发挥其在刑事司法系统中的作用，反而会损害刑事司法系统的公信力基础。考虑到刑事裁判是在一个社会语境中作出的，刑事裁判的可信赖性可以看作刑事裁判在社会上的可接受性，更通俗地说就是是否能为社会公众所接受的问题。

通过分析刑事裁判的概念、基础以及刑事裁判的形成过程，可以发现，刑事裁判的形成"并不是自然生成的，而是人为造成的……它们是根据证据法规则、法庭规则、判例汇编传统、辩护技巧、法官雄辩能力以及法律教育成规等诸如此类的事物而构设出来的，总之是社会的产物"[1]。既然刑事裁判是刑事法官主观构建的产物，那么某个刑事裁判如果能够被社会接受、信赖，就说明其之构建过程具备了某种为社会所认可的正当性基础。刑事裁判的可信赖性就转变成了在现代刑法解释学的论辩中，刑事法官根据什么作出"正当"的刑事裁判的问题。

从本体论的角度来观察，刑事裁判的正当性在过去是建立在古典的客观真实论之上的：存在着不依赖于人的认识而存在的客观事实，刑事裁判所认定的事实必须符合这个客观事实，并且可以用检验的方法来确定刑事裁判对事实的认定是否符合客观事实。刑事裁判的结果如果与客观事实一致，那么刑事裁判就具备了真实性。[2] 而真实性就是刑事裁判的正当性基础。这样一来，刑事裁判的形成就完全建立在了本体论的客观事实的基础

---

[1] ［美］克里福德·吉尔兹著："地方性知识：事实与法律的比较透视"，载梁治平主编：《法律的文化解释》，生活·读书·新知三联书店 1994 年版，第 80 页。

[2] Vgl. Niklas Luhmann, *Legitimation durch Verfahren*, Suhrkamp, 1983, S. 11ff.

上，刑事裁判是完全根据客观事实作出的，借此就能取得充分的正当性。❶

这种古典的客观真实论长期以来一直是刑事裁判在本体论上的支撑，因为真实的事物总是能够让人信赖与接受的。但其在近代以来却遭受了激烈批判：刑事裁判是一种刑事法律上的陈述，而"要想清楚地理解一个陈述同一件事实之间难以捉摸的符合，乃是毫无希望的"。❷ 由于时间不可逆的存在，人不可能回到过去，而只能去感知，并根据这种感知进行刑事裁判活动。❸ 但由于人类的认识能力的有限性，人类并不可能完全去把握全部的客观事实。刑事裁判的事实是刑事法官根据自己的理解从事件中截取出来的用作证据的东西，具有相对性，难免不带有其主观的价值判断和偏见。哈贝马斯对此就曾经说过："事件（客观事实）是我们经验的对象，而事实（刑事裁判的事实）是陈述语句对经验现象所作的断言，陈述语句的真假值并非全然取决于事件，陈述语句中的事实是对事件的不同演绎，在事件不发生改变的情况下，事实却可以有多样性。"❹ 因此，古典的客观真实论很难为刑事裁判在本体论上提供合理的支撑。

古典的客观真实论的失败原因在于，其是建立在主客观相分离的认识论基础之上的，这可能适用于说明性的自然科学，但却无法适用于解释性的精神科学。❺ 刑事裁判如果将古典的客观真实论奉为圭臬，那么就会造成刑法解释学中方法论与本体论的断裂，也就难以为刑事裁判提供正当性的基础。因此，刑事裁判应当摆脱作为自然科学的本体论的古典的客观真

---

❶ Vgl. Niklas Luhmann, *Legitimation durch Verfahren*, Suhrkamp, 1983, S. 27ff.

❷ ［英］卡尔·波普尔著：《猜想与反驳——科学知识的增长》，傅季重、纪树立、周昌忠、蒋弋译，上海译文出版社 2005 年版，第 318 页。

❸ 参见舒国滢、王夏昊、梁迎修等著：《法学方法论问题研究》，中国政法大学出版社 2007 年版，第 328 页。

❹ 阮新邦：《批判诠释与知识重建——哈贝马斯视野下的社会研究》，社会科学文献出版社 1999 年版，第 31 页。

❺ 参见［德］考夫曼著：《法律哲学》，刘幸义等译，法律出版社 2004 年版，第 12 页。

实论的桎梏，转而以哲学诠释学为基础的刑法解释学的本体论，寻求具体案例事实中各方当事人主体间性的理解与共识，这才是刑事裁判的本体论基础。只有它才能为刑事裁判提供正当性基础。由于刑法解释学的本体论与具体案例事实中各方当事人的主体间性的理解与共识是处在社会语境下的，其所提供的正当性基础也就具有了社会普遍性的特征，能够为社会公众所接受，因此刑事裁判就具有了说服力，令人信赖。刑事裁判的可信赖性问题就迎刃而解了。

二、刑事裁判的实践理性保障

（一）刑事裁判与实践理性

在此，有必要先对本书所指的"实践理性"的概念做一番澄清。按照康德的理解，人的理性分为理论理性与实践理性，理论理性所关心的是人类的认识能力的界限，即人类能够认识什么的问题；实践理性则关心人类如何根据普遍性的法则（在康德那里是道德律）来确定自己的行动，即人类应该做些什么的问题。❶ 具体而言，实践理性要求"要这样行动，使得你的意志的准则任何时候都能同时被看作一个普遍立法的原则"❷。这种能够作为普遍立法的原则的意志的准则就是所谓的"绝对命令"，即人类心中存在的一种永恒不变，普遍适用的道德律，其既是普遍道德规律，又是最高行为原则。❸ 因此，实践理性体现为人类根据绝对命令这一道德律的

---

❶ 参见［德］康德著：《实践理性批判》，邓晓芒译、杨祖陶校，人民出版社2003年版，第16页以下。

❷ 参见［德］康德著：《实践理性批判》，邓晓芒译、杨祖陶校，人民出版社2003年版，第39页。

❸ 参见［德］康德著：《道德形而上学原理》，苗力田译，上海人民出版社1986年版，第65页以下。

约束，在诸多的行为可能性中选择与之最相符的那种行为的理性选择过程，这一过程是可普遍化的。

在伽达默尔的哲学诠释学中，实践理性有了更为丰富的含义。哲学诠释学是一种实践哲学。在哲学诠释学看来，实践不仅是人类的生活方式，也是人类的存在方式，人类的实践是被某种方式或观念，也就是理性所引导的生活。我们所处的这个科学的时代比以往任何一个时代都更需要理性对人的生活实践进行指导，这里的理性主要不是科学理性而是实践理性。❶人类的活动与追求涉及极为广泛的领域，这就需要一种普遍性的善的知识；而人类的生活同时是由具体的事件、具体的情境所构成的，这就需要普遍性的善的知识的具体运用。因此，所谓实践理性就是将普遍性的善的知识运用于具体的生活情境中的理性与智慧。不仅在于它对一般性或共同性的把握，更重要的是它对具体情形下的具体情况的处理与解决，这种处理或解决是一种符合理性的选择，通过这种选择体现出人类的自由。❷人类在实践中的自由，依赖于实践理性的运用。在这个意义上，任何合理性的人类行为所体现的都是实践理性的作用。

值得注意的是，伽达默尔在谈到实践理性时特别强调其社会性，他的实践理性因此也就成为一种社会理性。而社会理性的主要内容就是团结，其构成了实践哲学的重要部分。伽达默尔就曾强调："人类的共同生活除了建筑于有效的团结构成的基础之外，不可能有其他基础。"❸那么团结究竟从何而来？伽达默尔的回答是从共识中来。从哲学诠释学的角度观察，理解本身就是一种对话的结构，其暗示了一种合致，通过理解性的对话可

---

❶ See Robert J. Dostal（ed.），*The Cambridge Companion to Gadamer*，Cambridge University Press，2002，p. 82.

❷ See Robert J. Dostal（ed.），*The Cambridge Companion to Gadamer*，Cambridge University Press，2002，pp. 273ff.

❸ ［德］伽达默尔著：《赞美理论》，夏镇平译，上海译文出版社1988年版，第134页。

以达成共识，而共识又构成了团结的基础。由此可见，团结与共识互为条件，它们最终实现的是一种社会中的实践理性的目标。❶

通过以上考察，我们可以发现实践理性的两个特征：其一，就是人类在实践活动中通过某些约束性条件，处理与解决具体情况，在诸多的行为可能性中选出最适当的一种；其二，就是实践理性必须通过对话达成共识，共识就是在诸多的行为可能性中做选择的评判标准。因此，所谓实践理性，就是人类在社会实践活动中通过某些约束性条件，在理解性的对话中达成共识，并借此在诸多的行为可能性中做选择，以解决社会生活的具体情况中出现的问题的过程。

如前所述，刑法解释学的本体论是刑事裁判的本体论基础，而刑法解释学的本体论又是建立在哲学诠释学之上的；哲学诠释学是一种实践理性，昭示了一种实践性的精神指向，因此刑事裁判本身必然也是一种以实践理性为基础，受实践理性保障的活动。由于刑事法官必须遵守刑法，其之自由裁量权必须受刑事法律制度的约束。❷ 那么，适用于刑事裁判的实践理性可以定义为：刑事法官在刑事审判活动中通过某些刑事法律制度上的约束性条件，在理解性的对话中达成共识，并以此为标准在诸多的裁判可能性中做选择，以解决社会生活中与刑法有关问题，从而实现刑事司法的社会功能的过程。❸ 需要指出的是，刑事裁判中最重要的就是对刑法条文与规范的含义及其与具体案例事实之间的关系的解释，而在此解释过程中，刑事法官往往面临着在诸多含义与解释方法之间做选择的难题。适用

---

❶　See Lawrence K. Schmidt, *Understanding Hermeneutics*, Acumen Publishing Limited, 2006, p. 111.

❷　参见［德］阿图尔·考夫曼、温弗里德·哈斯默尔主编：《当代法哲学和法律理论导论》，郑永流译，法律出版社 2002 年版，第 282 页。

❸　参见［美］理查德·A. 波斯纳著：《法理学问题》，苏力译，中国政法大学出版社 2002 年版，第 90 页。

于刑事裁判的实践理性，在这方面提供了一定的选择标准，使刑事法官在作出选择时不至于随心所欲，因此，可以这样说：实践理性对刑事裁判的保障，主要是体现在提供刑法解释的标准这一方面之上的。

（二）前理解作为对刑事裁判的实践理性的保障的关键

通过对适用于刑事裁判的实践理性的定义，我们不难发现其论证结构：（1）作出刑事裁判的过程是一种理解性的对话，可以在其中达成共识，并以此作为在诸多的裁判可能性中做出选择的标准；（2）这种理解性的对话要受到某些刑事法律制度上的条件的约束。另外需要指出的是，人类的实践活动奠基于理解，而理解的开端就是前理解，因此前理解总在深层次上支配着实践理性。上述论证结构，本质上也是在前理解的引导下的结构。因此前理解可以作为以上的两层次论证结构之前的一个层次，具有关键性的地位。下面本书就要来论述这一问题。

1. 在刑事法官的司法实践中，存在前理解吗？

就理论上而言，认为理解与解释不以前理解为开端的见解不堪一驳，因为从哲学诠释学的角度出发，这种见解跟启蒙运动时期对前理解的误解一样，本质上也是一种前理解。但是，如前所述，刑事裁判本身是一种以实践理性为基础，受实践理性保障的实践活动，而实践理性是以"实践"为前提的；那么，在实践中，是否存在前理解，怎么证明前理解不仅仅是一种理论上的虚构呢？

这一问题依赖于对刑事法官的刑事裁判实践活动的实证性研究。当然，任何人都没有足够的力量对全国的刑事法官的所有刑事裁判实践活动做一番彻底的探查，而只能从中截取某个片段，做一番所谓的"田野调查"而已，虽不能完全以偏概全，但也足以使我们以管窥豹。

南京师范大学的周建达博士后，对 Y 市法院的刑事司法实践做了一番实证调查，发现了刑事司法实践中客观存在，但有待学理开示的一种"逆向性"定罪思维或逻辑——以刑定罪。❶ 具体而言，传统的定罪逻辑即三段论式的司法推理，无论是对刑事法官的自由裁量权的严格限制，还是对法院的刑事裁判的司法成本的节制，都是有效率的；因此，这种定罪逻辑不仅仅深刻地影响了欧陆的刑事司法，对行进中的中国刑事法治也极具感召力。三段论式的定罪逻辑无论是在中国的刑法教义学上还是刑事司法实践上，几乎成为颠扑不破的真理。但在现实的刑事司法实践中，特别是在疑难案件中，由于规范与事实往往不能——对应，加之我国的刑法对罪刑体系的设置不够科学合理，罪与刑之间往往存在着极大的张力，为解决这一问题，刑事法官开始采取一种"逆向性"的定罪逻辑，即先得出一定的结论，然后再去寻找相应的刑法条文与规范，借此来缓和形式理性与实质理性的内在紧张，弥合规范文本与社会情理的实践断裂，以实现法律效果与社会效果的统一。

根据周建达博士后的实证调研，参与问卷调查的刑事法官对于"根据你以往的刑事审判经验，在疑难案件中，你的定罪方法是什么？"这一问题，约有 67% 的被调查者选择 C 项，即"先形成初步的结论，再去找法条，如果根据法条得出的结论与先前的初步结论相差较大，则比较两个结论，看哪个妥当，才下最终的结论"；21% 的被调查者选择 D 项，即"先找法条，再下结论，如果结论不妥，再找法条，最后才下最终结论"；而将定罪过程视为一步到位的过程的，即选择 A 项"先下结论，再找法条，一步到位地完成定罪过程"与 B 项"先找法条，再下结论，一步到位地完成定罪过程"的，仅有 4% 与 8%。❷

---

❶　参见周建达："'以刑定罪'的实践样态及其分析——以 Y 市法院的实证考察为基础"，载《环球法律评论》2015 年第 1 期。

❷　参见周建达："'以刑定罪'的实践样态及其分析——以 Y 市法院的实证考察为基础"，载《环球法律评论》2015 年第 1 期。

那么，对于常规的一般案件，刑事法官是否也会使用以刑定罪的思维方式呢？周建达博士后在调查问卷中设置了这样一道题目："根据你以往的刑事审判经验，在一般案件中，你的定罪方法是：A. 先下结论，再找法条，一步到位地完成定罪过程；B. 先找法条，再下结论，一步到位地完成定罪过程；C. 先形成初步的结论，再去找法条，如果根据法条得出的结论与先前的初步结论相差较大，则比较两个结论，看哪个妥当，才下最终的结论；D. 先找法条，再下结论，如果结论不妥，再找法条，最后才下最终结论。"调查结果是有 42% 的被调查者选择 C 项，有 37% 的调查者选择 D 项，而选择 A、B 两项的仅有 4% 与 17%。❶

从调查结果中很容易看出，C、D 两项（无论是疑难案件还是一般案件）体现了哲学诠释学的思维方式：即在前理解引导下的，在刑法文本与规范及具体案例事实之间的诠释学循环。在本书看来，无论是"先形成初步的结论，再去找法条"还是"先找法条，再下结论"，本质上没有什么不同。前者体现了非常明显的前理解的思维，而对后者而言，"先找法条"凭借的是什么？为何将其作为法律推理的第一个步骤？肯定是刑事法官对刑法文本与规范有了某种前理解的结果。若不是如此，"先找法条"就成了无根之木、无源之水，不仅不符合思维逻辑，也无法为其法律推理的正当性寻找合理的基础。至于"再下结论"，不过是对前理解的确证而已。C、D 两项都不是根据前理解一蹴而就的思维过程，而是包括根据具体案例事实，对刑法文本与规范的前理解进行修正，再返回到具体案例事实中的诠释学循环。D 项不过是 A 项的较为含蓄的另一种表述罢了。由此可见，认为刑事司法实践是以受前理解引导的诠释学循环的看法，在疑难案件中占了 88%（67%+21%），在一般案件中占了 79%（42%+37%）。

---

❶ 参见周建达："'以刑定罪'的实践样态及其分析——以 Y 市法院的实证考察为基础"，载《环球法律评论》2015 年第 1 期。

当然，我们不能就此认为，在参与调查的刑事法官中，有近80%的人采用受前理解引导的思维方式，另外近20%的就没有。按照哲学诠释学的看法，任何人的任何理解实践都是从前理解开始的。周建达博士后的调查数据，仅仅说明了，在刑事司法实践中，三段论式的定罪逻辑并不像理论上所预料的那样发挥很大的作用，实际上发挥作用的，是基于前理解的以刑定罪的思维方式，而且大部分法官（近80%）均意识到自己运用了这种方式而已。由此看来，前理解在刑事司法实践中的运用是有实证数据的支持的。

2. 前理解作为适用于刑事裁判的实践理性的关键

以上实证研究证实了考夫曼教授的看法：疑难案件的法律发现并非只是纯然的逻辑上的三段论法，而是一种逐步进行的，从存在的领域探索到当为的领域，再从当为的领域探索到存在的领域的过程，是一种在事实中对规范进行再认识，在规范中对事实进行再把握的过程。❶ 这个过程是受前理解的引导的。因此，前理解在刑事司法实践活动中扮演着最重要的角色，进而在以刑事司法实践作为实践基础的适用于刑事裁判的实践理性中发挥着关键性的作用。波斯纳教授就说过："实践理性并非某种单一的分析方法，甚至也不是一组相关联的方法。它是一个杂货箱，里面有掌故、内省、想象、常识、设身处地、动机考察、言说者的权威、隐喻、类推、先例、习惯、记忆、经历，直觉以及归纳。"❷ 如果我们考察一下前文所说的前理解的获致，就会发现这些内容大部分都是前理解的来源而已。因此，实践理性本身就是包括了前理解，以前理解为基础的，前理解总是在

---

❶ Vgl. Arthur Kaufmann, *Analogie und "Natur der Sache"*, 2 Aufl., R. v. Decker & C. F. Müller Heidelberg 1982, S. 41.

❷ 参见［美］理查德·A. 波斯纳著：《法理学问题》，苏力译，中国政法大学出版社2002年版，第95页。

深层次上支配着实践理性。

前理解对实践理性的支配，主要体现在刑法解释上，具体而言，就是对刑法解释学方法论中存在若干疑难问题的澄清，这一点已经在上文中说明了，兹不赘述。值得注意的是，前理解不仅在罪刑法定原则上发挥作用，在罪刑相适应原则中也发挥着作用。刑事裁判的内容既包括定罪，又包括量刑。因此，刑事裁判的正当性既要体现为定罪的精确性（这体现了对罪刑法定原则的坚守），也要体现量刑的合理性与公正性（这体现了对罪刑相适应原则的坚守）。传统的刑事司法实践的重心是放在刑法条文与规范适用的准确性与精确性之上的。这虽能确保罪刑法定原则的实现，增加了刑事裁判的可预测性，但是在特定的具体案例事实中，如果脱离处罚的妥当性与量刑的公正性，一味地追求"准确定罪""精确定罪"，则刑事裁判无论如何也难说具有正当性。❶ 刑法虽然通过其明文规定而昭告天下，达到明确国民的行动自由的范围与界限的目的；但是刑罚作为一种痛苦性的承担，终究要落实在具体的行为人身上，通过刑罚与罪刑在质与量上的匹配，实现刑法惩罚与预防犯罪的功能。因此，前理解引导下的刑法条文与规范和具体案例事实之间的诠释学循环，不能仅仅从精确性的角度来确定刑法条文与规范的解释，更要从妥当性的角度来考虑解释刑法，实现合理的定罪量刑。❷

这一点在刑事司法实践中，当然不是没有体现的，可以举出以下几种例子：❸

（1）在非法行医致死案件的处理中，由于该罪的法定刑过重，在被告

---

❶ 参见周建达："'以刑定罪'的实践样态及其分析——以 Y 市法院的实证考察为基础"，载《环球法律评论》2015 年第 1 期。

❷ 参见梁根林："现代法治语境中的刑事政策"，载《国家检察官学院学报》2008 年第 4 期。

❸ 参见周建达："'以刑定罪'的实践样态及其分析——以 Y 市法院的实证考察为基础"，载《环球法律评论》2015 年第 1 期。

人虽犯罪情节轻微或有积极赔偿的行为也不能降格处刑时，为了判处最合适的刑罚，以过失致人死亡罪定罪。

（2）在重特大矿难事故中，由于责任事故类犯罪的法定刑较轻，故设法从手段行为或关联行为入手，将其作为主罪判刑（如非法买卖爆炸物品罪、以危险方法危害公共安全罪等）。

（3）在强奸致死的案件中，因关键证物无法获取，而定强制猥亵妇女罪又显得量刑明显过轻时，如果犯罪过程中的暴力行为达到轻伤以上的，以故意伤害致死论罪处刑。

（4）对基于讨要工程款、拆迁补偿费为目的，实施的恐吓、敲诈、聚众扰乱社会秩序等过激行为，一般基于谦抑性，以社会危害性轻微为由作为无罪处理。

（5）对于学校负责人明知校车存在安全隐患却仍然指使司机运载学生，结果造成重大伤亡的情况，考虑到对学校负责人以交通肇事罪的共犯处刑明显过轻，改以教育设施重大安全责任事故罪定罪量刑。

总而言之，适用于刑事裁判的实践理性既要求刑事裁判实现定罪的精确性，也要求其体现量刑的合理性与公正性，这两者合起来就是具体个案的刑事裁判的正当性与合理性。这是通过前理解引导下的刑法条文与规范和具体案例事实之间的诠释学循环来实现的。

刑事法官在刑事裁判过程中的约束

前理解似乎向刑事法官的自由裁量权赋予了某种正当性。但是，刑事法官的自由裁量权中的"自由"并不意味着随心肆意，漫无标准，也并不容许刑事法官有过大的"自由"。刑事法官的自由裁量权是受到限制的，这个限制就是前理解支配的实践理性。通过上一章的论述，我们对适用于刑事裁判的实践理性的论证结构已经很清楚了：（1）作出刑事裁判的过程是一种理解性的对话，可以在其中达成共识，并以此作为在诸多的裁判可能性中作出选择的标准；（2）这种理解性的对话要受到某些刑事法律制度上的条件的约束；（3）这两个过程均受前理解的支配。这整个结构，可以看作是对刑事法官在刑事裁判过程中的约束。下面就让本书考察一下这个结构。

一、前理解引导下实现的对刑事裁判结果的共识

（一）社会生活世界与理解的共同体

我们所生活的社会生活世界，并不是由某个个人独享的世界。其一开始就是一个主体间性的文化世界。其之所以是主体间性的，是因为我们与

其他人共同生活在同一个生活世界中，通过相互之间的影响与工作与他们紧密相连，既能理解他人又能被他人所理解。❶ 因此，我们所关于这个生活世界的知识并非我们个人的知识，而是从一开始就是主体间性的知识。简而言之，生活世界是一个我们与他人共享的世界，其对于我们所有人而言构成一个共通的世界。既然我们共享一个共通的世界，那就意味着我们与他人之间的交流与对话就有了共同的基础；既然这个世界能够同时被我们与他人经验和理解，那就意味着我们与他人可以形成某种理解的共同体。生活世界中的种种事物——如工具、符号、语言、艺术、社会制度、法律系统等的意义结构，也只能从我们自己与他人的共同行动中才能得到理解。❷ 生活世界中的所有事物的种种意义都是我们与他人直接互动的过程与结果。

因此，我们与他人之间的互动就构成了真正的社会行动。正当的社会行动的基础，就在于在互动中所达成的相互理解即共识。刑事裁判作为一种社会活动，当然也是以理解与共识为基础的。社会生活世界的共同性与理解的共同体确保了这种理解与共识的存在。

(二) 相对主义的根源：视角主义

既然人类共享同一个生活世界，形成了理解的共同体，那为什么在生活实践中还存在种种不同的看法，歧见呢？为什么人类不能就所有的问题达成绝对的一致，而是存在种种复杂性与可能性呢？答案在于，在日常生活中的任何一个时刻，人都会发现自己处于某种被生平角度决定的情境中，也就是说，处于某种由其限定的自然环境与社会文化环境之中。他在

---

❶ 参见 [奥] 阿尔弗雷德·许茨著：《社会实在问题》，霍桂桓译，浙江大学出版社 2011 年版，第 11 页。

❷ See Michael Staudigl and George Berguno, *Schutzian Phenomenology and Hermeneutic Traditions*, Springer, 2014, pp. 169ff.

这种情境中拥有自己的立场——这种立场不仅仅包括根据物理空间与外在时间确定的立场，也包括这个人在社会系统中的地位与扮演的角色确定的立场，甚至包括其道德立场与意识形态立场。很明显，这种立场构成了所谓的前理解，而生平情境则是前理解为人类的理解问题所划定的视域，即看视的区域，它包括从某个立足点（视角）出发所能看到的一切。● 这种情境是一个人以前的所有经验的积淀，也就是说，一种所谓的"效果历史"，其确定了前理解的范围。由于每个人所处的物理空间与外在时间不尽相同，在社会系统中的地位与扮演的角色千差万别，道德立场与意识形态立场迥然不同，社会经验的积淀各异其趣，因此其前理解是各式各样的，根据前理解形成的视域即观察事物的视角也是应有尽有。对同一事物的观察视角的不同，必然带来结论的不同。从哲学诠释学的角度观察，相对主义的根源就在于此。

借此，不难理解刑法解释结论与解释方法的多样性以及由此导致的刑事裁判的诸多可能性。不同的刑事法官，其学习经历、断案经验、价值观念和情感因素等不尽相同，其前理解也就大相径庭；尤其在一个价值多元化的后工业社会中，很可能对某个刑事法官而言是正当的前理解的不成问题的预设，对另一个刑事法官而言却是地地道道的意识形态偏见。前理解的不同导致的观察具体案例事实的视角不同，决定了刑法解释结论与解释方法的多样性以及由此导致的刑事裁判的结论的诸多可能性。正如伽达默尔所指出的那样，理解总是以不同的方式在理解，得出的结论的相对性就不可避免了。

（三）视域融合——刑法解释与刑事裁判的共识主义本质

从哲学诠释学的角度来看，前理解的不同所导致的视域不同，进而导

● 参见［德］汉斯-格奥尔格·伽达默尔著：《真理与方法——哲学诠释学的基本特征》（上），洪汉鼎译，商务印书馆2007年版，第411页。

致理解不同是完全正常，不可避免之事。但这并不就意味着人类达到了对同一事物无法沟通和交流，不能就任何共同行动达成任何共识的地步。德沃金就举过一个很好例子：我们对"椅子"的概念的理解不同，但这并不妨碍我们利用"椅子"的概念进行沟通。❶

　　哲学诠释学认为，视域是一个不断形成与变化的过程，它永远都不会固定，我们的视域是同过去的视域与他人的视域相接触而不断形成的，这个过程也就是我们的视域与这些视域不断相互融合的过程，理解的产生和出现便是这两种视域的交融，这就是"视域融合"。理解总是一些被误认为是独立存在的视域的融合过程。❷ 视域融合可以作为一条达成共识的路径或方法，从而找到与他人相处的合理的行动方式。

　　这一点在刑法解释学中具有重要意义：通过视域融合达成共识是解决因不同的前理解归定了不同的视域而导致的刑法解释结论的相对性的途径。在刑法学学术共同体内，观点不同的学者，学派绝非是在自说自话，而是存在着相互理解、相互对话的可能性。每位学者在面对他人不同的观点时，切不可简单粗暴地拒绝，而是要尝试着通过理解实现相互之间的对话，尝试着将自己的视域与他人的视域加以融合，得出超越自己超越他人的结论。就以最近几年很热门的犯罪论体系之争来说，无论是主张德日犯罪论三阶层体系的学者，还是主张继续保持四要件体系的学者，都可以摒弃成见，携起手来共同认真地思考对方观点的合理性，在相互理解、对话和合意的基础上达成一致。刑法解释学的本体论使刑法学学术共同体内部的对话具有了主体间性，共同体本身的存在和延续由此得以可能。在刑事裁判中也是如此。单个刑事法官由于前理解与视域的局限而遗漏的某种刑

---

❶　参见［美］罗纳德·德沃金著：《认真对待权利》，信春鹰、吴玉章译，中国大百科全书出版社 1998 年版，中文版序言第 11 页。

❷　［德］汉斯-格奥尔格·伽达默尔著：《真理与方法——哲学诠释学的基本特征》（上），洪汉鼎译，商务印书馆 2007 年版，第 416 页。

法条文与规范的解释的重要价值，可以通过与其他刑事法官的视域融合来获得弥补。通过多元主体参与刑事裁判的论辩与对话过程，将有助于刑法解释乃至刑事裁判本身的完善。因此，刑法解释与刑事裁判程序的建构，似乎不应当着眼于为刑事法官提供一种单枪匹马式的解释方法，因为刑法解释与刑事裁判过程中的种种不确定性，以及由此导致的结论的多样性与复杂性，不可能通过这种方式来得到解决。刑事案件的合议制度、上诉制度，为高质量的刑法解释与刑事裁判提供了极其重要的途径。❶

需要指出的是，视域融合并不是一蹴而就的，我们不可能指望，在一个具体案例事实中达成的视域融合与共识性的解释结论，能够原封不动地运用到今后的新的具体案例事实中去。理解绝对不是理解者的一次性的行为，而是理解者和理解对象即文本之间的一个永无止尽的对话过程。由于生活世界的无限性导致的历史与传统的不断变化，文本的意义和理解者的理解一直处于不断生成的过程中，这个过程其实也是我们在不断修正我们的前理解的过程。我们在某个时刻、就某个事件所达成的视域融合与共识，只适用于这个时刻与这个事件；在新的时刻与新的事件中，往往意味着又一个新的问题的产生，需要我们达成新的视域融合与共识去回应……这就导致了这一理解与之前的理解不尽相同，我们也就无法达到一个完满的或最终的理解。因此，从这个意义上来说，根本就不存在最终的理解，而只有在不同的时刻达成的不同的理解，文本的语义可能性是无限的，理解始终是一个不断对话和交流，不断追问和探究的过程。理解以及借此得出的解释结论，既具有绝对性（在某个时刻，就某个事件确实能够达成某种确定的共识），又具有相对性（不存在最终的理解，而只有在不同的时刻达成的不同的理解）。

---

❶ 参见舒国滢、王夏昊、梁迎修等著：《法学方法论问题研究》，中国政法大学出版社 2007年版，第 392 页以下。

二、刑事法律制度上的条件对法官裁判过程的约束

按照适用于刑事裁判的实践理性的要求，刑事法官在裁判过程中虽享有一定程度的自由裁量权，但仍然受到某些刑事法律制度上的条件的约束。因此，刑事法官的自由裁量权并不如其名称所示的那样"自由"。

对刑事法官作出刑事裁判的过程的约束的目的，可以从两方面来理解：其一，此等约束在一定程度上能够使当事人预测刑事法官的裁判结论，从而能较早地为刑事法官的诉讼行为做好准备，因此，可以增强刑法规范对于社会可期待性的作用：愈是可以精确地预计行为结果，就愈是可能持续地决定着行为人可能的选择；其二，刑事法官在刑事裁判过程中所受的刑事法律制度上的条件的约束，是对刑事裁判进行事后审查的前提，这个标准将不仅仅通过裁判本身而建立有效性。❶

这样来理解的话，对刑事法官的约束也就是每个可靠的刑事裁判的必要因素。编纂的法律体系将强化此种约束，并且是法律成为刑事法官的最主要约束。

(一) 法律体系的制度化约束

《中华人民共和国宪法》第 126 条规定："人民法院依照法律规定独立行使审判权，不受行政机关、社会团体和个人的干涉。"《中华人民共和国人民法院组织法》第 4 条以完全相同的文字表述，重申了这一规定。《中华人民共和国法官法》第 3 条规定："法官必须忠实执行宪法和法律，全心全意为人民服务。"由此可见，法官的自由裁量权在根本上受制于我国

---

❶　参见［德］阿图尔·考夫曼、温弗里德·哈斯默尔主编：《当代法哲学和法律理论导论》，郑永流译，法律出版社 2002 年版，第 279 页。

法律体系中的最重要的部门。对于刑事法官而言，《刑法》第 3 条的规定"法律明文规定为犯罪行为的，依照法律定罪处刑；法律没有明文规定为犯罪行为的，不得定罪处刑"所确立的罪刑法定原则，对刑事法官受法律约束的程度，提出了更高的要求。

法律体系与制度约束的意义在于：其通过事先表述的法律，使具体的个案裁判结果在事先就可以预测；同时，由于法律规范的统一性，使得法官可以平等与统一地对相同的案件作出相同的判决；再者，自身隐含着法律原则的具体法律规范，又可将一种意义内涵传给判决，从而影响判决。❶

在支持刑事法官受法律体系与制度的约束的表述中，还隐含着现代司法（不仅仅是刑事司法）的最重要因素：法官独立。刑事法官受法律体系与制度的约束与法官独立性这两个原则处于功能性的关系中，并代表了法治国家的重要成就。当刑事法官具备独立地位，并且在法律体系与制度的约束下做出刑事裁判时，该裁判的可信赖性与可接受性方为可能。❷

当然，刑事法官受法律体系与制度的约束，并不意味着完全排斥刑法条文与规范的语义的模糊性与相对性，也并非反对不同的刑事法官的前理解。依法治国的基本要求，不是刑事法官必须逐字逐句呆板地严格遵守法律的规定，让法官成为表述法律之口，❸ 而是指刑事法官在主观构建刑法条文与规范的语词所指称的范围时，必须在法律的范围内进行，其只服从法律。没有任何法律能够完全支配法院司法的发展，一旦法律被颁布，便受法官行为的支配。法官行为决定着法官在多大程度上受法律约束。波斯

---

❶ Vgl. Larenz, Die Bindung des Richters an das Gesetz als hermeneutisches Problem, in: *Festschrift für Ernst Rudolf Huber*, 1973, S. 291 ff.

❷ Vgl. Josef Esser, *Vorverständnis und Methodenwahl in der Rechtsfindung*, Athenäum-verl, 1970, S. 209.

❸ 参见 ［法］孟德斯鸠著：《论法的精神（上册）》，张雁深译，商务印书馆 1995 年版，第 163 页。

纳就曾指出，尽管大多数司法裁判似乎都是受法条主义驱动的，但法官绝不是贩卖法条的"自动售货机"，充当机械地适用已有规则或按独特的法律推理模式进行裁判的纯法条主义者，相反，其政治偏好或法律以外的其他个人性因素，例如，法官个人特点以及生平阅历和职业经验，会塑造他的前理解，❶ 进而塑造其对案件的回应。❷ 因此，法律体系与制度，对刑事法官而言只是一种约束而不是支配。❸

（二）以往的判例（法官法）的约束

虽然法律体系与制度约束着刑事法官的裁判行为，但是刑事法官在一定程度上也受到过去裁判行为的约束。也就是说，从以往的对刑事案件的裁判中萃取并系统地整理出法律制度的原则，并对将来的刑事裁判产生一定程度的约束力。❹

在采取成文法主义的中国，判例一般不被承认是法律渊源。从法律渊源的宗旨出发，超越成文法规的判例确实不能作为法律渊源，这是理所当然的。但是，判例作为法院对刑法条文与规范的有权解释，其明确了刑法的意义，事实上对将来的裁判具有很强的约束力。而判例一旦具有了一定程度的作为先例的约束力，就应当说，按照以往的判例不仅可以保持刑法的稳定性，而且，根据所确立的判例，还可以让社会公众知晓什么行为将会是受到刑罚处罚的行为。从这种意义上来说，承认判例的准法律渊源的

---

❶ 波斯纳称之为"司法前见（preconception）"。

❷ 参见［美］理查德·波斯纳：《法官如何思考》，苏力译，北京大学出版社 2009 年版，第 17 页以下。

❸ Vgl. Larenz, Die Bindung des Richters an das Gesetz als hermeneutisches Problem, in: *Festschrift fuer Ernst Rudolf Huber*, 1973, S. 291 ff.

❹ 参见［德］阿图尔·考夫曼、温弗里德·哈斯默尔主编：《当代法哲学和法律理论导论》，郑永流译，法律出版社 2002 年版，第 282 页。

地位，也是遵循罪刑法定原则的要求的。❶

从诠释学的角度来看，判例对刑事法官的约束体现为：从判例中所萃取、整理出的法律制度的原则，是作为一种效果历史意识制约着刑事法官的前理解的，也就是说，刑事法官对于刑事裁判的前理解，要受到过去的前理解的影响与约束。刑事裁判在效果历史的影响下，显示出了其历史实在性：刑法解释与刑事裁判，就宛如一部"连锁小说"，虽然后续的刑事法官可以对先前的刑事裁判的结论予以更新与发展，融入自己的理解，但不得与以往的刑事裁判所体现的对刑法条文与规范的意义的理解脉络相违背。❷

（三）刑法教义学的约束

刑法教义学在法学的支持下，将刑事法官的裁判规则体系化，提出并修正了刑事法官的裁判规则的概念，并且在规则体系中学习这一概念。既然刑法教义学阐释了刑事法官的裁判规则，那么刑法教义学在被贯彻之时就在事实上约束着刑事法官的裁判活动。刑法教义学不仅仅是刑法条文与规范的具体化理解，其一直在根据刑法的含义与内容，建构自己的可变性标准。刑法教义学至少在事实上实现了对刑事法官的裁判行为的约束，这要归功于其稳定化与区别化的功能：其缩小了可能的裁判选择的范围，刻画了问题的特征，并将之系统化，确定了相关性，并提供了论证模式，借此使得问题变得更具可确定性。只有借助刑法教义学的帮助，刑事法官才能稳定地处理刑法问题。❸

---

❶ 参见张明楷：《刑法学》，法律出版社 2011 年版，第 55 页以下。

❷ 参见 ［美］ 德沃金著：《法律帝国》，李常青译、徐宗英校，中国大百科全书出版社 1996 年版，第 213 页。

❸ 参见 ［德］ 阿图尔·考夫曼、温弗里德·哈斯默尔主编：《当代法哲学和法律理论导论》，郑永流译，法律出版社 2002 年版，第 284 页以下。

（四）非形式的纲要的约束

刑事法官的刑事裁判活动，受到预设的非形式的纲要的约束，也就是不明确的法官行为的规则体系的约束。刑事法官在刑事诉讼中对证据的评价，量刑等便属于这个领域。没有哪个刑事法官能够从法律条文、教科书或先前的判例中获得完全的知识去确证自己对某个证据的自由心证或量刑的结果，这种知识是通过查看与询问其他的刑事法官乃至解释者而获得的。❶

死刑的裁量标准就是一个典型的非形式纲要的例子。我国《刑法》第48 条规定："死刑只适用于罪行极其严重的犯罪分子。"在刑法分则中，往往也有对个罪适用死刑的条件的规定，例如情节特别严重，对国家或社会危害特别严重等。但犯罪行为达到何种程度才算得上是"罪行极其严重"，未作具体规定。这些死刑适用条件过于概括，使得刑事司法在死刑适用上具有较大的自由裁量权。尽管最高人民法院、最高人民检察院先后颁布了《关于进一步严格依法办案确保办理死刑案件质量的意见》《关于贯彻宽严相济刑事政策的若干意见》，仍不能消除这一缺陷，因此死刑裁量标准在很大程度上，只能通过研究刑事法官组成的法律共同体在死刑裁判中体现出的行为准则来确定，而这种准则往往是不甚明确的。

从某种意义上说，非形式的纲要体现的是，刑事法官组成的法律共同体对个别的刑事法官的裁判活动的控制可能性，这种可能性由规则组成，遵守规则可以被控制，违反规则则要被制裁，这些规则在事实上指导并决定着刑事法官的刑事裁判活动。

现在，我们可以总结一下刑事法官"受法律约束"的意义：刑事法官

---

❶ 参见［德］阿图尔·考夫曼、温弗里德·哈斯默尔主编：《当代法哲学和法律理论导论》，郑永流译，法律出版社 2002 年版，第 286 页以下。

在论证其刑事裁判时，必须遵守法律的用语，法律体系对问题的区分以及裁判规则，以及先例、刑法教义学和非形式的纲要的要求。刑事法官必须在这种约束性条件的控制下，理性地作出刑事裁判。当然，从上文的分析中可以看出，这种"理性"并非是纯然的，而是掺杂了不少非理性的因素的，但是这无碍于刑事裁判的理性。在人类的认知具有有限性而生活世界具有无限性的背景下，人们的决策永远不会有百分之百的理性。正确地对待与更好地理解影响人类行为的各种非理性力量是人类理性决策的第一步。❶

---

❶ 参见 ［美］丹·艾瑞里著：《怪诞行为学 2：非理性的积极力量》，赵德亮译，中信出版股份有限公司 2010 年版，前言第 1 页以下。

刑法解释学的社会学转型

据说，14 世纪著名的意大利法学家巴托鲁斯（Bartolus）在解释法律时都是先作出结论，然后再让他的朋友底格里努斯（Tigrinus）在《国法大全》（*Corpus Iuris*）中寻找依据。引导这种找法过程的并非肆意无忌，而是寻求正义的努力。❶ 这则有趣的法学史上的轶事表明，虽然前理解是在最近半个世纪才得到正名并在法律解释学中得到正式承认的，但在法律解释中发挥积极作用，则远比我们所想象的要早得多。

本书举出这则轶事，并不是想厚古薄今，而是想指出，虽然前理解已经在法律解释中扮演至关重要的角色，但是其一直以来都遭受着误解：被当作一种必须被克服的"偏见"来对待，被视为对正确的法律理解与解释的妨碍。所幸的是，在伽达默尔开创的哲学诠释学的努力下，这种误解已经在很大程度上被消除了。前理解在法律解释学中正式得到了承认与讨论。遗憾的是，在刑法解释学中，虽然对前理解有一定程度的讨论，但大多停留在浮光掠影的介绍上，缺乏系统性的介绍与论述。因此，本书不揣冒昧，在多方搜集中外文资料的基础上，潜心研究，试图就前理解在刑法解释学中的地位、作用做出一番能够自圆其说的论述。

---

❶ 参见［德］齐佩利乌斯著：《法学方法论》，金振豹译，法律出版社 2010 年版，第 17 页。

本书笔者所作的全部努力，可以视为在分析、批判传统的刑法解释学的方法论的基础上，借助哲学诠释学的理论，来说明前理解在刑法解释学的本体论中的地位与作用。本书还想说明，哲学诠释学是一种实践理性的诠释学，因此前理解与刑法解释学的本体论也都处在实践理性的范围之内。借此，前理解与刑法解释学的本体论的理性主义立场得到了最佳的辩护。

具体而言，本书对前理解在刑法解释学的本体论中的地位与作用的说明是建立在对刑法解释学的方法论所无法回答的三个问题之上的：（1）刑法解释本身的合理性与界限问题；（2）主观解释论与客观解释论、形式解释论与实质解释论之争；（3）刑法解释方法的位阶选择之争。按照阿列克西教授的观点，这三个问题可以划分为两类不确定性：（1）解释界限与目标的不确定性，前两个问题可以归入此类；（2）解释方法与种类的排序的不确定性，最后一个问题可以归入此类。❶

以前理解为核心的哲学诠释学认为，诠释学的认知方式与自然科学的主体—客体—认知模式根本不同，因为理解者并不超然于解释过程之外，而是置身其中，作为解释的形成之共同因素。任何想理解文本意义者在一开始就向其试图理解的文本提出一种意义期待（诠释学的"前理解"），这种前理解首先使文本浮现出某种意义，解释者由此取得了对文本的一种理解，在理解过程中，解释者又不断地修正其前理解，再借修正过的前理解取得对文本意义的新的解释，这样就进入了所谓的"诠释学循环"。无论是哪一种解释方法，都不具备排他的适用力，不应过度地指导和约束解释者。无论解释者采用的是哪一种方法，解释永远是以历史传统为中介，寻求在文本与解释者之间对真理的共识理解，即"视域融合"。

---

❶ See Robert Alexy and Ralf Drier, Statutory interpretation in the Federal Republic of Germany, in N. MacCormick & R. S. Summers（Eds.），*Interpreting Statutes：A Comparative Study*，Cornell University，1991，pp. 73ff.

借助这种理论，我们就可以在刑法解释学的本体论层面解决刑法解释学的方法论所无法解决的问题。刑法条文与规范，在实质上是对刑法所欲调整的社会生活事实内部所蕴含的，规制这一社会生活关系的具体的规定性即"事物的本质"的描述，解释者在前理解的引导下，借助类型这一思维工具去形塑对"事物的本质"的认识。因此，刑法条文与规范的语义并不是一种完全客观的存在，而是一种主客观因素的共同建构的结果。"事物的本质"为通过类型进行的类比推理划定了意义范围的边界，类型化的案例比较又为"事物的本质"确定了外延。由于刑法条文与规范是对"事物的本质"的类型化描述，因此，"事物的本质"决定了刑法条文与规范的语词的含义即语义的内涵；类型化的案例比较确定了"事物的本质"的外延，因此，就确定了语义的外延。刑法解释本身的合理性与界限，是在符合"事物的本质"的前提下，于立法构成要件所奠基的不法类型中，通过类比推理在刑法条文与规范的语义空间中进行的。这一过程自始至终都受到前理解的引导与制约。

由于解释者的前理解引导着对刑法文本的理解，每一种解释都可以看作其当下意识的应用，因此对刑法文本的解释乃是一个解释者再创造的过程。解释不是再现文本的作者的意图的行为，而是一种将过去与现在综合的创造性行为。过去的传统，立法者的意图，前人的学说与解释，作为任何刑法解释的背景，都在不同程度上影响着我们的前理解，制约着我们的视域，这就是所谓的"效果历史"意识。因此，理解既不是让解释者抛弃自己的视域去进入刑法文本作者的视域（所谓的主观解释），也不是解释者抛弃刑法文本作者的视域去进入自己的视域（所谓的客观解释），而是必须扩大自己的视域，使它与其他的视域交融，这就是所谓的视域融合。其融合的结果就是更大的视域的出现，这种新的视域又是新一轮解释的出发点（又形成了一种新的前理解）。理解其实总是这样一些被误认为是独自存在的视域的融合过程。主观解释论与客观解释论均有其部分的真理，因此都不能毫无保留地予以接受。刑法解释的最终目标只能是：探求刑法条文与规范在当下的整体法秩序中的意义。只有同时考虑历史上的立法者的立法意图及其具体的规范设想，而不是将其完全忽视，方能正确地确定刑法条文与规范在法秩序上的标准意义。这一意义是一种在前理解引导下的思考过程的结果。

从哲学诠释学的角度来看，刑法解释学本身乃是一种历史情境主义的诠释学。刑事法官的前理解，如前所述，要受到具体案例事实乃至他的社会周围环境、出身和教育的影响。围绕特定的具体案例事实所形成的情境形成了刑事法官对刑法条文与规范的语义及刑事裁判的确定性的认识。刑事法官如果要实现对刑法条文与规范的语义的理解与分析，就必须将其置于特定的具体案例事实所形成特定的用法情境中去。这样看来，形式解释论与实质解释论之争并无意义：特定的具体案例事实所形成的具体情境确定了对刑法条文与规范的语义的前理解，这就意味着对刑法条文与规范的语义的理解就有了"具体问题具体分析"的特征，刑事法官就要根据不同的具体情况不断地去选择与之契合的解释立场。那又怎么能够武断地用某一种解释立场去以偏概全，宣称无论何时何地何种情况，这种解释立场都能无条件地适用而且能保证得出正确的解释结论呢？无论是形式解释论还是实质解释论的主张，实际上都拒绝了刑事法官根据特定的具体案例事实所形成的具体情境选择对刑法条文与规范的语义的前理解的可能性，因此均不可取。

至于刑法解释方法的选择问题，可以明确：目的解释具有决定性的地位，目的解释借助对需要被解释刑法条文与规范的客观目的的理解，再在其他的解释方法中选择与其最契合的一种。刑事法官在面对具体案例事实时，在考虑采用什么样的解释方法之前，就已经对需要解释的刑法条文及规范的客观目的有了前理解。这种前理解来自其司法经验、法意识、正义感等，引导着其对具体案例事实的理解与解释方法的选择，是一种价值判断，刑事法官借此来从价值中立的解释方法中做出选择。

以前理解为核心的哲学诠释学不仅能够对刑法解释学的诸多疑问进行澄清，还为刑事法官的刑事裁判提供了实践理性的保障：刑法解释学的本体论是刑事裁判的本体论基础，而刑法解释学的本体论又是建立在哲学诠释学之上的；以前理解为核心的哲学诠释学是一种实践理性，因此刑事裁判本身必然是一种以实践理性为基础，受实践理性保障的活动。适用于刑事裁判的实践理性可以定义为：刑事法官在刑事审判活动中通过某些刑事法律制度上的约束性条件，在理解性的对话中达成共识，并以此为标准在诸多的裁判可能性中做出选择，以解决社会生活中与刑法有关问题，从而实现刑事司法的社会功能的过程。刑事裁判的实践理性的论证结构为：（1）作出刑事裁判的过程是一种理解性的对话，可以在其中达成共识，并以此作为在诸多的裁判可能性中作出选择的标准；（2）这种理解性的对话要受到某些刑事法律制度上的条件的约束；（3）这两个过程均受前理解的支配。这整个结构，可以看作对刑事法官在刑事裁判过程中的约束，借此刑事裁判方能具有可信赖性与可接受性。

本书的研究到此为止，但本书所引出的问题却没有到此为止。对刑法条文与规范的解释者的解释方法以及刑事法官的刑事裁判过程的哲学诠释学上的反思，促使刑法解释学实现了从方法论到本体论的转型，确认了理解依赖于前理解以及对规范与事实的相互解释。但是，有哪些具体的经验进入了刑法的理解的过程乃至前理解中，其影响力与作用究竟为何，哲学诠释学上的反思却说不出个所以然来。❶ 由此看来，哲学诠释学虽然提出一切理解始于前理解这个命题，其自身却不能对影响前理解的诸因素做出充分的说明。

---

　　❶ 参见 ［德］阿图尔·考夫曼、温弗里德·哈斯默尔主编：《当代法哲学和法律理论导论》，郑永流译，法律出版社 2002 年版，第 495 页。

我们承认，刑法解释学应当具有哲学的知识品格，对哪怕是一个极其单调的，极具实用性的刑法解释问题的思考，也会使最讲究实际的裁判者成为一名哲学家。❶ 但是，对刑法学（当然包括刑法解释学）这样一门社会科学而言，仅有哲学思考是远远不够的。人类历史演变发展的过程告诉我们，刑法是随着家庭、私有制和国家产生而诞生，❷ 它其实是一种游走在个人私权与社会公益之间的"社会法"，其根本目的在于维护社会秩序，确保人类交往行为的顺利进行。因此，对刑法解释学的理解，甚至包括哲学理解，就不能脱离一定的社会语境。因此，刑法解释学不仅仅应当走向哲学，更应当走向社会学，这也是刑法学这门社会科学的题中应有之义。

在社会学看来，那些在社会化过程中获得的经验，是理解的入门因素；刑事法官的社会价值观念、社会化背景与刑法适用之间存在着一定的联系。❸ 这就意味着，对影响前理解的诸多因素的研究，必须在一个社会化的语境中，对刑事法官的个人价值立场与见解与裁判结果之间的关联进行社会学上的考察。这就催生了一门法学与社会学的交叉学科领域——法官社会学。

法官社会学试图从社会学的视角，整体性地解释和理解法官的行为，其核心理论为：裁判是对案件的某种回应，在相同的案件应做相同的处理的应然要求下，法官是否在实然上做到了这一点；无论法官是否在实然上做到了这一点，究竟是哪些社会性的经验因素，影响了法官对案件作出裁

---

❶ See Dennis Patterson（ed.），*A Companion to Philosophy of Law and Legal Theory*，Blackwell Publishing Ltd，2010，pp. 90ff.

❷ 参见"家庭、私有制和国家的起源"，载《马克思恩格斯全集》第 21 卷，人民出版社 1965 年版，第 27 页以下。

❸ 参见［德］阿图尔·考夫曼、温弗里德·哈斯默尔主编：《当代法哲学和法律理论导论》，郑永流译，法律出版社 2002 年版，第 495 页以下。

判的决策，这些因素的影响究竟有多大？^❶ 现有的研究成果列举了如下一系列因素：法官的出身、法官的个性、法官的年龄、法官的社会态度、法官受社会环境的影响（同僚、社会）、当事人如雇员的特点（主动性、见识、与法院打交道的经验）、审判方式（职权性的与自由的、口头的）、判决过程中的组织形式等，还有信息、权力、民情与舆论等与裁判结果相关联的因素。^❷ 明显，这些"社会性的经验因素"也是影响刑事法官的前理解的因素，对前理解的完整叙述也只有结合哲学诠释学与法官社会学的研究才能最终完成。

因此，本书结束的地方，即对刑事法官的前理解的哲学诠释学视域的研究，也就是新的研究，即法官社会学研究开始的地方。刑法解释学，必须在社会学，尤其是法官社会学的语境下，才能得到更深的理解。刑法解释学，只有进一步实现向社会学的转型，才能促进其自身的自我理解。刑法解释学只有依靠这种自我理解，才能明确自己在刑事科学中的地位。

---

❶ Vgl. Klaus Zwingmann, *Zur Soziologie des Richters in der Bundesrepublik Deutschland*, de Gruyter, 1966, S. 1ff.

❷ 参见 [德] 阿图尔·考夫曼、温弗里德·哈斯默尔主编：《当代法哲学和法律理论导论》，郑永流译，法律出版社 2002 年版，第 495 页以下。

参考文献

哲学著作

[1] 洪汉鼎. 诠释学——它的历史和当代发展 [M]. 北京：人民出版社，2001.

[2] 陈嘉映. 语言哲学 [M]. 北京：北京大学出版社，2008.

[3] 马克思恩格斯全集（第21卷）[M]. 北京：人民出版社，1965.

[4] [奥] 阿尔弗雷德·许茨. 现象学哲学研究 [M]. 霍桂桓，译. 杭州：浙江大学出版社，2012.

[5] [奥] 维特根斯坦. 逻辑哲学论 [M]. 郭英，译. 北京：商务印书馆，1962.

[6] [奥] 维特根斯坦. 哲学研究 [M]. 李步楼，译. 陈维杭，校. 北京：商务印书馆，1996.

[7] [法] 孟德斯鸠. 论法的精神（上册）[M]. 张雁深，译. 北京：商务印书馆，1995.

[8] [德] 埃德蒙德·胡塞尔. 经验与判断 [M]. 路德维希·兰德格雷贝，编辑. 邓晓芒，张廷国，译. 北京：生活·读书·新知三联书店，1999.

[9] [德] 马丁·海德格尔. 存在与时间 [M]. 陈嘉映，王庆节，译. 熊伟，校. 陈嘉映修订，北京：生活·读书·新知三联书店，2006.

[10] [德] 海德格尔. 论真理的本质 [M]. 赵卫国，译. 北京：华夏出版社，2008.

[11] [德] 哈贝马斯. 在事实与规范之间——关于法律和民主法治国的商谈理论 [M]. 童世骏, 译. 北京：生活·读书·新知三联书店, 2003.

[12] [德] 汉斯-格奥尔格·伽达默尔. 诠释学——真理与方法 [M]. 洪汉鼎, 译. 北京：商务印书馆, 2007.

[13] [德] 伽达默尔. 赞美理论 [M]. 夏镇平, 译. 上海：上海译文出版社, 1988.

[14] [德] 伽达默尔. 哲学解释学 [M]. 洪汉鼎, 译. 上海：上海译文出版社, 1994.

[15] [德] 黑格尔. 哲学史讲演录（第一卷） [M]. 贺麟, 王太庆, 译. 北京：商务印书馆, 1978.

[16] [德] 尼采. 论道德的谱系 [M]. 周红, 译. 北京：生活·读书·新知三联书店, 1992.

[17] [德] 伊曼努尔·康德. 纯粹理性批判 [M]. 邓晓芒, 译. 杨祖陶, 校. 北京：人民出版社, 2004.

[18] [德] 康德. 实践理性批判 [M]. 邓晓芒, 译. 杨祖陶, 校. 北京：人民出版社, 2003.

[19] [德] 康德. 道德形而上学原理 [M]. 苗力田, 译. 上海：上海人民出版社, 1986.

[20] [德] 乌多·蒂茨. 伽达默尔 [M]. 朱毅, 译. 北京：中国人民大学出版社, 2010.

[21] [美] 理查德·E. 帕尔默. 诠释学 [M]. 潘德荣, 译. 北京：商务印书馆, 2012.

[22] [美] 托马斯·库恩. 科学革命的结构 [M]. 金吾伦, 胡新和, 译. 北京：北京大学出版社, 2003.

[23] [挪] G. 希尔贝克, N. 伊耶. 西方哲学史：从古希腊到二十世纪 [M]. 童世俊, 郁振华, 刘进, 译. 上海：上海译文出版社, 2004.

［24］［英］卡尔·波普尔. 猜想与反驳——科学知识的增长［M］. 傅季重，纪树立，周昌忠，蒋弋，译. 上海：上海译文出版社，2005.

［25］Harry J. Gensler, Introduction to Logic, Routledge 2010.

［26］Joseph Margolis, Jacques N. Catudal, The Quarrel Between Invariance and Flux: A Guide for Philosophers and Other Players, Penn State Press 2001.

［27］Lawrence K. Schmidt, Understanding Hermeneutics, Acumen Publishing Limited, 2006.

［28］Michael Forster, German Philosophy of Language: From Schlegel to Hegel and Beyond, Oxford, 2011.

［29］Michael Staudigl and George Berguno, Schutzian Phenomenology and Hermeneutic Traditions, Springer, 2014.

［30］Robert J. Dostal, The Cambridge Companion to Gadamer, Cambridge University Press, 2002.

社会学著作

［1］阮新邦. 批判诠释与知识重建——哈贝马斯视野下的社会研究［M］. 北京：社会科学文献出版社，1999.

［2］［奥］阿尔弗雷德·许茨. 社会实在问题［M］. 霍桂桓，译. 杭州：浙江大学出版社，2011.

［3］［德］鲁曼. 社会中的法［M］. 李君韬，译. 台北：台湾五南图书出版有限公司，2009.

［4］［法］亨利·莱维·布律尔. 法律社会学［M］. 许均，译. 郑永慧，校. 上海：上海人民出版社，1987.

［5］Georg Kneer, Armin Nassehi. 卢曼社会系统理论导引［M］. 鲁贵显，译. 台北：巨流图书公司，1998.

［6］Klaus Zwingmann, Zur Soziologie des Richters in der Bundesrepublik Deutschland, de Gruyter, 1966.

[7] Michael King, Chris Thornhill, Niklas Luhmann's Theory of Politics and Law, PALGRAVE MACMILLAN, 2003.

[8] Niklas Luhmann, Legitimation durch Verfahren, Suhrkamp, 1983.

人类学著作

[1] ［美］丹·艾瑞里. 怪诞行为学 2：非理性的积极力量 ［M］. 赵德亮, 译. 北京：中信出版股份有限公司, 2010.

[2] ［美］哈维兰. 文化人类学 ［M］. 10 版. 瞿铁鹏, 张钰, 译. 上海：上海社会科学出版社, 2006.

经济学著作

[1] Paul Krugman & Robin Wells, Economics, Worth Publishers, 2009.

[2] ［美］保罗·萨缪尔森, 威廉·诺德豪斯. 微观经济学 ［M］. 19 版. 萧琛主, 译. 北京：人民邮电出版社, 2012.

[3] ［美］道格拉斯·G. 拜尔, 罗伯特·H. 格纳特, 兰德尔·C. 皮克. 法律的博弈分析 ［M］. 严旭阳, 译. 北京：法律出版社, 1999.

[4] ［印］阿马蒂亚·森. 伦理学与经济学 ［M］. 王宇, 王文玉, 译. 北京：商务印书馆, 2000.

[5] ［英］马歇尔. 经济学原理（上）［M］. 朱志泰, 陈良璧, 译. 北京：商务印书馆, 1964.

[6] John Quiggin, Zombie economics: how dead ideas still walk among us, Princeton University Press, 2010.

[7] N. Gregory Mankiw, Principles of Economics, South-Western, Cengage Learning, 2011.

法哲学著作

[1] 梁治平. 法律的文化解释 [M]. 北京：生活·读书·新知三联书店，1994.

[2] 林立. 法学方法论与德沃金 [M]. 北京：中国政法大学出版社，2002.

[3] 舒国滢，王夏昊，梁迎修，等. 法学方法论问题研究 [M]. 北京：中国政法大学出版社，2007.

[4] 谢晖. 法律的意义追问——诠释学视野中的法哲学 [M]. 北京：商务印书馆，2004.

[5] 杨仁寿. 法学方法论 [M]. 北京：中国政法大学出版社，1999.

[6] [德] 阿图尔·考夫曼，温弗里德·哈斯默尔. 当代法哲学和法律理论导论 [M]. 郑永流，译. 北京：法律出版社，2002.

[7] [德] 考夫曼. 法律哲学 [M]. 刘幸义，等，译. 北京：法律出版社，2004.

[8] [德] H. 科殷. 法哲学 [M]. 林荣远，译. 北京：华夏出版社，2002.

[9] [德] 卡尔·恩吉施. 法律思维导论 [M]. 郑永流，译. 北京：法律出版社，2003.

[10] [德] 卡尔·拉伦茨. 法学方法论 [M]. 陈爱娥，译. 北京：商务印书馆，2003.

[11] [德] 拉德布鲁赫. 法学导论 [M]. 米健，译. 北京：中国大百科全书出版社，1997.

[12] [德] 莱茵荷德·齐佩利乌斯. 法哲学 [M]. 金振豹，译. 北京：北京大学出版社，2013.

[13] [德] 罗伯特·阿列克西. 法理性商谈——法哲学研究 [M]. 朱光，雷磊，译. 北京：中国法制出版社，2011.

[14] [德] 罗伯特·阿列克西. 法律论证理论——作为法律证立理论的理性

论辩理论 [M]. 舒国滢, 译. 北京: 中国法制出版社, 2002.

[15] [德] 齐佩利乌斯. 法学方法论 [M]. 金振豹, 译. 北京: 法律出版社, 2010.

[16] [德] 魏德士. 法理学 [M]. 丁晓春, 吴越, 译. 北京: 法律出版社, 2005.

[17] [德] 英格博格·普珀. 法学思维小课堂 [M]. 蔡圣伟, 译. 北京: 北京大学出版社, 2011.

[18] [美] 彼得·斯坦, 约翰·香德. 西方社会的法律价值 [M]. 王献平, 译. 北京: 中国人民公安大学出版社, 1989.

[19] [美] 劳伦斯·索伦. 法理词汇: 法学院学生的工具箱 [M]. 王凌皞, 译. 北京: 中国政法大学出版社, 2010.

[20] [美] 理查德·波斯纳. 法官如何思考 [M]. 苏力, 译. 北京: 北京大学出版社, 2009.

[21] [美] 理查德·A. 波斯纳. 法理学问题 [M]. 苏力, 译. 北京: 中国政法大学出版社, 2002.

[22] [美] 罗伯特·S. 萨默斯. 美国实用工具主义法理学 [M]. 柯华庆, 舒国滢, 译. 北京: 中国法制出版社, 2010.

[23] [美] 德沃金. 法律帝国 [M]. 李常青, 译. 徐宗英, 校. 北京: 中国大百科全书出版社, 1996.

[24] [美] 罗纳德·德沃金. 认真对待权利 [M]. 信春鹰, 吴玉章, 译. 北京: 中国大百科全书出版社, 1998.

[25] [英] 韦恩·莫里森. 法理学 [M]. 李桂林, 等, 译. 武汉: 武汉大学出版社, 2003.

[26] Brian Bix, Law, Language, and Legal Determinacy, Clarendon Paperbacks, 1996.

[27] Carl Schmitt: The Leviathan in the State Theory of Thomas Hobbes: Meaning and Failure of a Political Symbol, Translated by George Schwab and Ema Hilf-

stein, with an Introduction by George Schwab, with a new foreword by Tracy B. Strong, University of Chicago Press, 2008.

[28] Dennis Patterson (ed.), A Companion to Philosophy of Law and Legal Theory, Blackwell Publishing Ltd, 2010.

[29] Endicott, Vagueness in Law, Oxford, 2000.

[30] H. L. A. Hart, The Concept of Law, Clarendon Press London, 1994.

[31] Matthias Klatt, Making the Law Explicit: The Normativity of Legal Argumentation, Hart Publishing, 2008.

[32] Arthur Kaufmann, Analogie und "Natur der Sache", 2 Aufl., R. v. Decker & C. F. Müller Heidelberg 1982.

[33] Coing, Die juristisdie Auslegungsmethode und die Lehren der allgemeinen Hermeneutik, 1959.

[34] Detlef Leenen, Typus und Rechtsfindung, Verlag von Duncker & Humblot, Berlin, 1971.

[35] Dietrich Busse, Juristische Semantik, Duncker & Humblot GmbH, 2010.

[36] F Müller, Juristische Methodik, Verlag Duncker & Humblot, 1997.

[37] F Müller, Normstruktur und Normativität, Verlag Duncker & Humblot, 1966.

[38] Franz Bydlinski, Juristische Methodenlehre und Rechtsbegriff, Springer-Verlag Wien New York, 2 Aufl., Springer-Verlag 1991.

[39] Gerhard Sigloch, Die Analogie als rechtstheoretischer Grundbegriff, Fjm 1982.

[40] Günter Stratenwerth, Das rechtstheoretische Problem der "Natur der Sache", Mohr (Siebeck) 1957.

[41] H-J Koch and H Rüssmann, Juristische Begründungslehre. Eine Einführung in die Grundprobleme der Rechtswissenschaft, Beck, 1982.

[42] Hans Welzel, Naturalismus und Wertphilosophie im Strafrecht, in Abhandlungen zum Strafrecht und zur Rechtsphilosophie, Walter de Gruyter 1975.

［43］ Heinrich Dernburg, Pandekten, 3 Aufl., Bd. 1, Berlin 1892.

［44］ Josef Esser, Vorverständnis und Methodenwahl in der Rechtsfindung, Athenäum-verl, 1970.

［45］ Karl Engisch, Logische Studien zur Gesetzesanwendung, 3 Aufl. Heidelberg, 1963.

［46］ Karl Larenz · Claus-Wilhelm Canaris, Methodenlehre der Rechtswissenschaft, 3Aufl., Springer-Verlag, 1995.

［47］ Larenz, Die Bindung des Richters an das Gesetz als hermeneutisches Problem, in: E. Forsthoff, W. Weber, F. Wieacker (Hrsg), Festschrift für Ernst Rudolf Huber, Göttingen, 1973.

［48］ M Herberger and H-J Koch, "Zur Einführung: Juristische Methodenlehre und Sprachphilosophie", Juristische Schulung, 1978.

［49］ Max Gutzwiller: Zur Lehre von der "Natur der Sache", in Die ontologische Begründung des Rechts, Darmstadt 1965.

［50］ Monika Frommel, Die Rezeption der Hermeneutik bei Karl Larenz und Josef Esser, R. Gremer, 1981.

［51］ Ralf Dreier, Zum Begriff der "Natur der Sache", Walter de Gruyter 1965.

［52］ Ulrich Klug, Juristische Logik, Springer-Verlag, 1982.

刑法学著作

［1］ 陈兴良，周光权. 刑法学的现代展开［M］. 北京：中国人民大学出版社，2006.

［2］ 陈兴良. 刑法学方法论［M］. 北京：清华大学出版社，2006.

［3］ 甘雨沛，何鹏. 外国刑法学［M］. 北京：北京大学出版社，1984.

［4］ 高铭暄，赵秉志. 新中国刑法学研究60年［M］. 北京：中国人民大学出版社，2009.

［5］高铭暄，赵秉志. 新中国刑法学五十年［M］. 北京：中国方正出版社，2000.

［6］李海东. 刑法原理入门［M］. 北京：法律出版社，1998.

［7］梁根林. 刑法方法论［M］. 北京：北京大学出版社，2006.

［8］林东茂. 刑法综览［M］. 北京：中国人民大学出版社，2009.

［9］林维. 刑法解释的权力分析［M］. 北京：中国人民公安大学出版社，2006.

［10］许玉秀. 当代刑法思潮［M］. 北京：中国民主法制出版社，2005.

［11］张明楷. 刑法分则的解释原理［M］. 北京：中国人民大学出版社，2011.

［12］张明楷. 刑法学［M］. 北京：法律出版社，2011.

［13］最高人民法院刑一庭，刑二庭. 刑事审判参考［M］. 2004 年第 3 辑（总第 38 辑）. 北京：法律出版社，2004.

［14］［德］克劳斯·罗克辛. 德国刑法学总论（第 1 卷）［M］. 王世洲，译. 北京：法律出版社，2005.

［15］［日］大谷实. 刑法讲义各论［M］. 黎宏，译. 北京：中国人民大学出版社，2008.

［16］Bernd Schünemann, Strafrechtsdogmatik als Wissenschaft, in Festschrift für Claus Roxin, Walter de Gruyter 2001.

［17］Claus Roxin, Strafrecht Allgemeiner Teil Band I: Grundlagen · Der Aufbau der Verbrechenslehre, Verlag C. H. Beck München 2006.

［18］Günther Jakobs, Strafrecht, Allgemeiner Teil: die Grundlagen und die Zurechnungslehre, Walter de Gruyter, 1993.

［19］Harro Otto, Grundkurs Strafrecht: Allgemeine Strafrechtslehre, de Gruyter, 2004.

［20］Winfreid Hassemer, Theorie und Soziologie des Verbrechens: Ansätze zu einer praxisorientierten Rechtgutlehre, Europäische Verlagsanstalt, 1973.

刑事诉讼法学著作

[1] 陈光中. 刑事诉讼法 ［M］. 北京：北京大学出版社，高等教育出版社，
    2009.

[2] 林钰雄. 刑事诉讼法 （上册总论编） ［M］. 北京：中国人民大学出版社，
    2005.

[3] ［日］ 田口守一. 刑事诉讼的目的 ［M］. 张凌，于秀峰，译. 北京：中国
    政法大学出版社，2011.

[4] Thomas Weigend, Deliktsopfer und Strafverfahren, Duncker & Humblot GmbH,
    1989.

民法学著作

[1] 黄茂荣. 法学方法与现代民法 ［M］. 北京：法律出版社，2007.

[2] 梁慧星. 民法解释学 ［M］. 北京：中国政法大学出版社，1995.

[3] 王泽鉴. 法律思维与民法实例 ［M］. 北京：中国政法大学出版社，2001.

后　记

　　霍姆斯法官有句名言："法律的生命不在于逻辑，而在于经验。"而对于法律解释者而言，这句名言很可能变成："法律的生命不在于文字，而在于解释。"法律只有通过解释，才能获得鲜活的生命，变成所谓的"活法（living law）"；没有解释的法律，不过是僵死的文字。由此看来，以阐释法律的意义与内涵为研究视域的法律解释学，在法学中扮演了灵魂的角色。

　　在法律解释学中，当然存在着不止一种叙事路径。事实上，对法律解释学的叙事路径的选择是法律解释学上最具争议性的问题之一。笔者选择了诠释学的叙事路径，具体而言，就是想把伽达默尔的哲学诠释学与埃塞的法律解释学理论（两者均以前理解为核心内容）移植到刑法解释学中去。当然，本书的观点并没有照搬伽达默尔与埃塞的理论，事实上，其也考虑了相当多数的其他哲学家与法学家的观点，以及笔者本人的一些不成熟的见解。这项移植工作是否成功，笔者不敢妄下判断，只能期待各位方家的赐教。

　　本书能够最终完成，归功于许多人的悉心指导、鼓励与帮助。笔者首先要感谢恩师陈泽宪教授。陈老师高深渊博的专业知识、严谨求实的治学态度、诲人不倦的高尚师德、循循善诱的教导之法对我影响颇深。当我在学术上茫无头绪时，对我既宽言相慰又严格要求，最终引导我摆脱迷茫走上学术研究的康庄大道的，正是陈老师。陈老师不仅教育我怎样成为一名学者，还教育我为人处世之道。古语有云："经师易遇，人师难遭。"陈老师正是这样的一位人师。恩师的学恩，笔者永远感铭肺腑。笔者其次要感谢刘仁文教授。刘老师在笔者进入法学所攻读博士学位期间一直鼓励着笔者的学术研究，不仅在学术上不吝赐教，还教给笔者许多治学求进的道理。刘老师广博精深的专业知识、春风化雨般的教学态度、孜孜不倦的学术追求，一直激励着笔者奋斗不已。笔者还要感谢社科院法学所与国际法所的屈学武、王敏远、熊秋红、刘作翔、胡水君、张绍彦、邓子滨、黄芳、徐卉、樊文、王雪梅、支振锋、黄金荣、金善明、焦旭鹏、马可、刘晨琦、樊彦芳等诸位老师。他们对笔者的选题颇有兴趣，多次询问论文写作进程，并为笔者指点迷津，开拓思路，精心点拨、热忱鼓励。笔者同样要向经常与笔者共同探讨学术问题的叶名怡、王旭凤、李昊、吴泽勇、彭小龙、魏磊杰、马剑银、杨昂等诸位老师表示感谢。最后，笔者要向王栋、陈煜、黄蓬威、黄泷一、张若翔、魏书音、黄涛、包有鹏、陈宇博、何明智、邵聪、江鹏、朱姝等同学表示感谢，感谢他们陪伴笔者度过了三年的愉快时光并时时予以帮助，并祝愿他们今后学业精进，工作顺利。

由于笔者本人才疏学浅、能力有限、加之思虑不周，行文仓促，本书的篇章结构、具体论述等方面必定还存在许多不足之处。恳请各位老师与同学不吝赐教、加以斧正，笔者不胜感激。